丹後の海で浦嶋子は五色亀を釣り上げた。甲羅の大きさは嶋子が差し出す左手の長さと同じくらいある。このカメとの出会いが嶋子の運命を大きく変えていく
『浦嶋明神縁起』(14世紀前半・重要文化財)／浦嶋神社蔵

(絵巻上)蓬莱宮の門前に立つ浦嶋子。空を舞う天女と白雲が神界を表す
(絵巻下右)玉くしげを開けた浦嶋子。中身が風雲とともに蓬莱山の方へと流れていき、一瞬のうちに老人になってしまう
(絵巻下左)浦嶋子が玉くしげを開けた松の下に、浦嶋神社の原型となる祠が造られた
『浦嶋明神縁起』(14世紀前半・重要文化財)/浦嶋神社蔵

阿蘇海を見下ろす丘陵地で発見された大風呂南一号墓。尾根筋をカットして造った平坦な台状墓に位置し天橋立を遥拝する／与謝野町教育委員会提供

大風呂南一号墓から出土したガラス釧(くしろ)と銅釧。透明度が高いライトブルーのガラス釧は光の量によって微妙に発色を変える。銅釧は南海産のゴホウラ貝で作られた貝輪を模して造られたもの／与謝野町教育委員会提供

仮面をとった浦島太郎

～その正体をめぐる四七八年のミステリー～

髙橋大輔

朝日文庫

本書は二〇〇五年八月、新潮社より刊行された『浦島太郎はどこへ行ったのか』を改題し、その後の調査を踏まえて大幅に加筆修正したものです。

目次

地図制作　鈴木真樹
校閲　玄冬書林

仮面をとった浦島太郎

～その正体をめぐる四七八年のミステリー～

プロローグ　浦嶋伝説の七不思議

日本海に突き出す丹後《たんご》半島（京都府）には最古の浦嶋《うらしま》伝説が伝わっている。京都市中心部から北西へ約九十キロメートルに位置し、昔話『浦島太郎』の世界を思わせる風光明媚な海岸や岩浜が延々と続く。中でも人々を魅了するのは日本三景のひとつ天橋立《あまのはしだて》だ。股の間から逆さにのぞき込めば一風変わった景色が見られる。

丹後とは古くからある地名で、律令制が確立した後の和銅《わどう》六（七一三）年に丹波国《たんばのくに》から分かれて丹後国《たんごのくに》が誕生した。その丹後建国千三百年を記念するシンポジウム「『丹後国風土記』の世界を旅する」（主催・京丹後《きょうたんご》市ほか）が二〇一三年十一月、京丹後市網野《あみの》町《ちょう》で開催された。わたしは丹後半島や網野町での取材をもとに前作『浦島太郎はどこへ行ったのか』（新潮社 二〇〇五年）を書いた縁で、シンポジウムでの講演と、パネルディスカッションに参加することになった。

地誌『丹後国風土記《たんごのくにふどき》』には八世紀頃の文化、風土、地勢などが詳しく綴られていたはずだが完本は存在しない。辛うじて他の書物に引用された三つの説話が現代に伝わる。昔話『浦島太郎』の原話のひとつ「浦嶋子《うらしまこ》」、天橋立が天と地をつなぐ梯子《はしご》だったという伝説「天橋立」、日本最古の羽衣伝説「奈具社《なぐのやしろ》」だ。神界とつながる場所とみなされ丹後国はミステリアスな存在だったのだろう。

シンポジウム会場に到着すると、席は全て埋まり熱気にあふれていた。演台に立ったわたしは自著の内容をもとに講演を始めた。

昔話『浦島太郎』は奇妙な物語だ。海中楽園を訪ねるファンタジーだが、カメを助ける動物愛護めいた話から始まり、玉手箱を開けて老人となって幕を閉じる。作者は一体、何を伝えたかったのか――。

ひょっとするとその不思議さにこそ、千三百年も語り継がれてきた理由があるのかもしれない。そう考えたわたしは浦嶋伝説にまつわる不思議に挑み始めた。

最古の伝説が書かれた『丹後国風土記』『日本書紀』『万葉集』をもとに「昔々」「あるところ」を調べ、「ウミガメが登場する意味」や「楽園はどこにあるのか」「玉手箱を開いて老人になる理由」の五つの謎を追跡した。背景が明らかになるにつれ、海上交流で古代丹後を支えたリーダーの姿が見えてきた。わたしは浦嶋伝説を人と海のつながりの中から生み出された一大叙事詩とみなし、浦嶋子を「日本海で活躍した地方豪族」と結論付けた。

とはいえ動かぬ証拠を手にしたわけではないし、なぜ『日本書紀』のような中央の歴史書に地方豪族の浦嶋子が登場したのかといった単純な疑問点も残る。

シンポジウムに集まった地元の歴史愛好家たちから厳しい意見や質問が出されたらど

うしよう……。内心恐れていたのだが、幸いにも異論は出なかった。丹後建国千三百年を記念するイベントを開催した地元の人にとって、浦嶋子が実在したかはともかく、海上交易で繁栄を築いた有力者が古代丹後に存在したことは既成事実なのだろう。

現に、丹後にはおびただしい数の古墳が残されている。日本海側で最大となる全長百九十八メートルの網野銚子山古墳《あみのちょうしやま》（京丹後市）を筆頭に、全長百九十メートルの神明山《しんめいやま》古墳（京丹後市）、全長百四十五メートルの蛭子山《えびすやま》古墳（与謝野町）の三基は「日本海三大古墳」と呼ばれ、丹後半島はそれら日本海側の巨大古墳第一〜三位を独占している。

丹後半島を占める京丹後市、宮津《みやづ》市、伊根町《いねちょう》及び与謝野町《よさのちょう》を合わせた面積はおよそ八百四十五平方キロメートルというから、佐渡島《さどがしま》の八百五十四平方キロメートルよりわずかに小さい。その限られた空間に四、五世紀の巨大前方後円墳など古墳群がひしめき合っているのだ。中でも京丹後市には千二百もの古墳が乱立し、被葬者のほとんどは今なお謎のままだ。

日本古代史を専門とする門脇禎二氏（一九二五〜二〇〇七）は『日本海域の古代史』の中で、記紀神話から少なくとも五代にわたる王者の存在を推定し「丹後王国」と呼んだ。大和政権（大和朝廷）下の「丹後国」が誕生した八世紀以前、丹後半島には独立した王者が支配する強大な海洋国家「丹後王国」が存在したらしい。

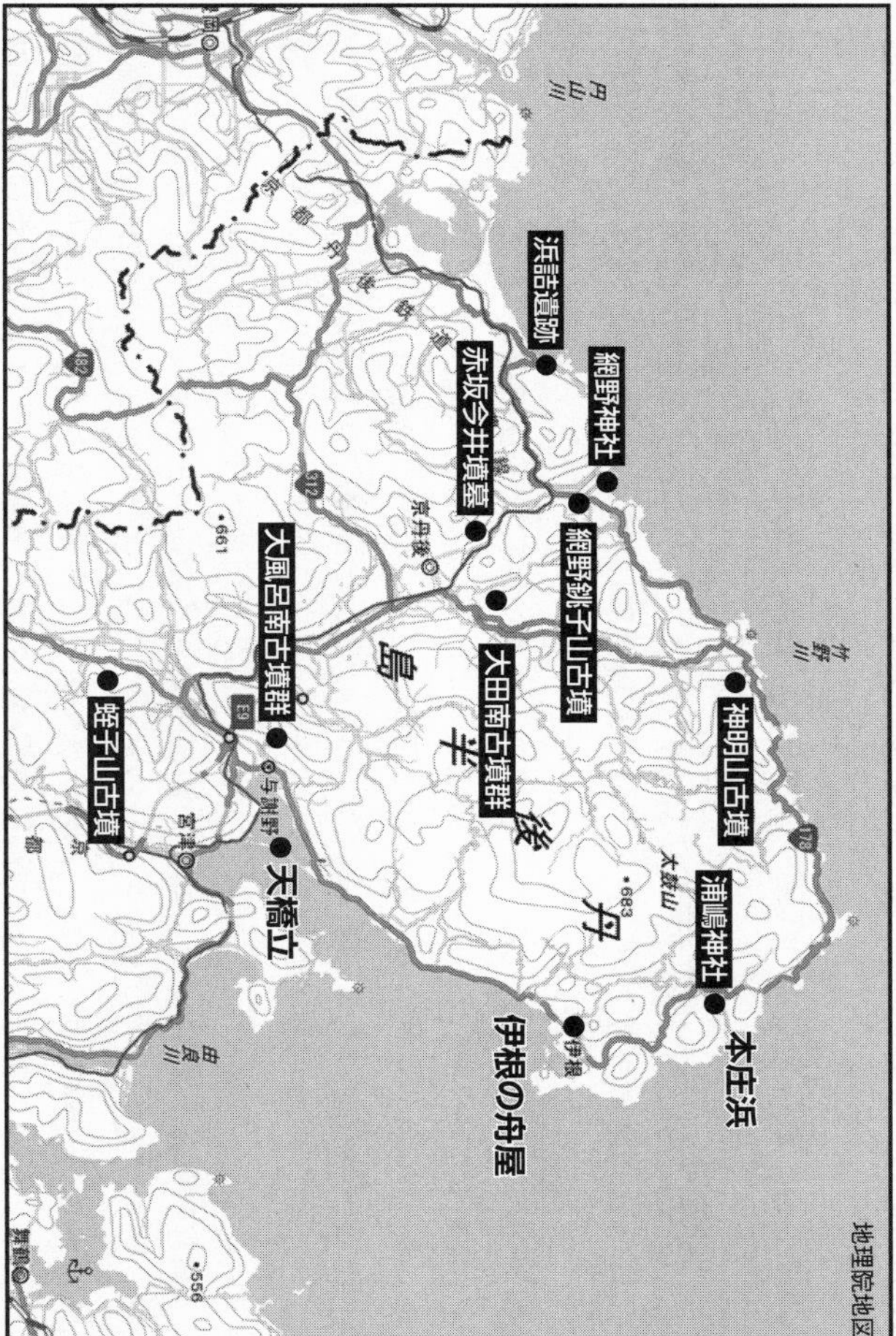
浜詰遺跡
網野神社
赤坂今井墳墓
網野銚子山古墳
大風呂南古墳群
大田南古墳群
神明山古墳
浦嶋神社
本庄浜
伊根の舟屋
天橋立
蛭子山古墳
丹後半島
地理院地図

丹後半島は歴史とロマンが交差する神秘的な魅力に満ちているのだ。

無事に講演を終え、パネルディスカッションへと入る。冒頭、パネラーの郷土史家が地元網野町の浦嶋伝説にはカメが出てこないと紹介し、不思議がった。浦嶋伝説の本拠地であるはずの丹後にカメが出てこない伝説がある。正確に言うなら、丹後にはカメが登場する話と登場しない話の両方が伝えられている。

確かに奇妙だ。心の中でそう思う間もなく、わたしはコーディネーターと目が合ってしまった。彼はすかさずわたしを指名し、どう思うかと尋ねた。わたしは壇上でシドロモドロになった。地元の古老でもわからない疑問になど答えようがない……。

ルーツを遡《さかのぼ》れば浦嶋伝説は二つに枝分かれしている。『丹後国風土記』『日本書紀』『万葉集』に記された最古の浦嶋伝説は話の舞台となる場所の違いから丹後系と大阪系の二系統に分けられる。

丹後系の話は『丹後国風土記』と『日本書紀』に書かれ、主人公である浦嶋子は丹後から海の向こうの蓬萊山《ほうらいさん》へと出かけていく。一方、『万葉集』に歌われる大阪系の話では大阪の浦嶋子が訪れるのはわたつみの宮だ。

違いはそれだけではない。丹後系の浦嶋子は玉手箱を開けても老人にならず、大阪系ではカメが登場しない。

現代の昔話『浦島太郎』では、冒頭にカメが登場し、海の楽園へ行き、帰還後に玉手箱を開けて老人になる。カメ、楽園、老人という三要素こそが主要なキーワードであろう。最古の浦島伝説には三要素が揃っていないのだ。その昔、老人にならない、あるいはカメが出てこない浦嶋伝説が普通だった。

昔話『浦島太郎』は丹後系と大阪系を折衷《せっちゅう》したものであり、いいとこ取りをして組み合わされた話のようだ。そのため主題さえはっきりしない不思議な話になってしまったのだろう。だが二系統の話にはそれぞれ異なる主題や存在意義があったはずなのだ。

シンポジウムで提起されたカメが出てこない網野町の浦嶋伝説は大阪系の流れをくむ。わたしもそれを読み、伝承地にも足を運んでいたが、なぜ丹後に大阪系の伝説が伝わっているのかを深く考えたことはなかった。

壇上のわたしはお茶を濁しながら言葉を捻《ひね》り出した。

「浦嶋伝説という一つのものがあって、それを違う形で伝えようとした人たちがいたんじゃないかと思います。（中略）それぞれの抱えている歴史背景とかそういうものを伝えるために二つ出てきたんじゃないかな……」

言い逃れのような発言を聞いて、納得した人は誰もいなかっただろう。

だがたとえ支離滅裂であっても、とっさに口から出た言葉が自分を鼓舞し未来へと牽引することはまれに起きる。気がつけばそのコメントこそがわたしを新たな謎解きへと駆り立てる引き金になった。

シンポジウムが終わり、わたしは自分が発した言葉を反芻《はんすう》した。丹後で大阪系の浦嶋伝説を伝えた人とは誰か。どんな歴史的背景があったのか。彼らは何を伝えようとしたのか？

あふれ出す疑問を前にわたしは少なからずショックを受けた。浦嶋伝説が何のために作られた話だったのか、それさえわかっていないではないか――。

これまでわたしは伝説の内容に踏み込み、カメや玉手箱にまつわる謎解きをしてきた。伝説世界を現実世界に投影させ、浦嶋子に象徴される実在人物の影らしきものを浮かび上がらせた。浦嶋伝説は単なる架空の物語ではなく、背景に知られざる歴史が隠されていることが見えてきた。

浦嶋子は実在した!? それこそが浦嶋伝説の作者が伝えようとしたことに違いないと確信したのだ。

だがシンポジウムの一幕により、手にしていた答えは不完全であることが露呈した。どうやら浦嶋伝説にはウラがあるらしい。わたしはそれをただ表面から眺めていただけだったようだ。

浦嶋伝説を明らかにするためにはウラを探ると同時に、二系統の話がいかに合流し、現在の昔話が生み出されたのか、その経緯をたどってみる必要もある。

わたしが解くべき浦嶋伝説の不思議は七つあるのだ。

1　「昔々」とはいつをさすか
2　「あるところ」とはどこか
3　カメが出てくる意味とは
4　訪れた楽園はどこか
5　玉手箱を開け、どうして老人になるのか
6　なぜ浦嶋伝説は二系統のルーツがあり、合流したのか
7　浦嶋子とは何者か

前著を執筆した際に日本各地を訪れた見聞を活かし、改めて浦嶋伝説の七不思議に挑んでいく。丹後の郷土史家がシンポジウムで首を傾げた問題ばかりか、地方豪族だったはずの浦嶋子が『日本書紀』に登場した謎の答えにも迫りたい。

もし浦嶋子が実在したなら、丹後国や丹後王国といった地域史の中でも位置付けられねばならない。丹後半島に残された多数の古墳のどれかに彼が眠っているかもしれない。それを突き止められたなら、いよいよ仮面をとった浦嶋子の正体を知るときが来る。

第一章　故郷丹後

『日本書紀』に書かれた浦嶋伝説

「昔々、あるところに」。昔話はよくそんな常套句《じょうとうく》から始められる。

ストーリーテラーは時代と場所をわざと曖昧《あいまい》にすることで、物語をブラックボックス化する。背景が見えないと登場人物やできごとは日常的にも非日常的にも映り、歴史にも神話にもなりうる。そこに物語としての生命が吹き込まれるのだ。

昔話『浦島太郎』も基本的に時代や場所は伏せられている。主人公を「太郎」とし「日本人に起きたできごと」ぐらいにしておきたいのだろう。

だが、それはオモテ向きの姿でわれわれは『浦島太郎』のウラを知らない。

昔話『浦島太郎』が存在する以上、生み出された背景となる事実があったはずだ。作者は何を伝えるために物語を生み出したのか。冒頭に登場するカメは何かのシンボルだろうか。龍宮は単なる空想の楽園なのか。なぜ玉手箱を開けて老人になるのか。モデルになった人物がいたのではないか――。湧き起こる疑問の答えはいずれも物語の裏に潜んでいる。

物語をフィクション（作り話）とみる限り、現実が姿を現す余地はない。

だがいつ、どこで起きたできごとが描かれたのかという視点を持てば、昔話の時代考証と現場検証が可能になる。物語追跡で真っ先にメスを入れるべきは「昔々、あるところに」と言い張る冒頭の曖昧さなのだ。

最古の浦嶋伝説は八世紀にまとめられた『日本書紀』『丹後国風土記』『万葉集』に収められている。都合がいいことに『日本書紀』には時代と場所が明示されている。七不思議に挙げた第一と第二はあっさりと解けてしまうのだ。

『日本書紀』に主人公である浦嶋子が登場するのは巻第十四、雄略《ゆうりやく》天皇の治世二十二年のくだりだ。

秋七月に、丹波国（後の丹後国）余社郡《よさのこおり》の管川《つつかわ》の人、瑞江《みずのえ》の浦嶋子が舟に乗って釣りをしていると、大亀がかかった。たちまち亀は乙女となり、浦嶋子は妻《ことまき》にした。ふたりは海に入り、蓬萊山へいき、仙人たちを訪ねた。そのことは別巻に書かれている。

七不思議の第一に挙げた「昔々」は雄略二十二年七月のことであった。「〈論説〉上代紀年に関する新研究」（笠井倭人著）を参考にすると、雄略天皇の即位年は西暦四五七年と推定できる。雄略二十二年は四七八年となり、五世紀の古墳時代に当たる。

第二の不思議「あるところ」は丹波国（後の丹後国）だという。浦嶋子が暮らしていた余社の郡、管川村は丹後半島の先端部に位置し、現在の京都府与謝郡伊根町《よさぐんいねちょう》付近に相当する。

丹後の地誌に残る浦嶋伝説

伊根町を舞台とする最古の浦嶋伝説は『丹後国風土記』にもみられる。漢文でわずか五十四字の『日本書紀』に比べ、より詳しく描かれているのが特徴だ。『釈日本紀《しゃくにほんぎ》』に書き写されて現代に伝わった原文を現代語訳してみる。

丹後の国の風土記に言う。与謝の郡、日置《ひおき》の里に筒川《つつかわ》の村がある。ここに日下部《くさかべの》首《おびと》らの先祖で、名を筒川の嶋子という者がいた。生まれつき容姿は秀麗で、風流なことこの上なかった。これは世にいう水江《みずのえ》の浦嶋子という者である。その話は元国《こく》司《し》であった伊預部馬養連《いよべのうまかいのむらじ》が記したものと相違なく、ここに内容の概要を述べることにする。

長谷《はつせ》の朝倉《あさくら》の宮で天下を治められた天皇（雄略天皇）の御世《みよ》、嶋子は一人で小船に乗って海釣りをしていた。三日三晩経っても一匹の魚も釣れなかったが、やがて五色《ごしき》のカメを釣り上げた。心中、不思議に思いながらもカメを船の中に置いて寝てしまったところ、そのカメは突然女性に変身した。顔は気高く美しく、他に比べるものがないほどだった。嶋子は「ここは人里から遠く離れ、海上には他に人影もない。それなのに突然現れるとはいったい、どこの人でしょうか」と尋ねた。乙女は微笑んで「洗練されたお方がひとり海に浮かんでいらっしゃる。親しくお話ししたいという気持ちを抑えきれず、風雲とともにやって来ました」と言った。嶋子は「どこから風雲に乗って来たのですか」と尋ねた。乙女はそれに「わたしは天上の仙人の家の者です」と答えた。乙女が神女《しんにょ》であると知った嶋子は恐れ疑う心を鎮めた。すると乙女は「わたしは天地が終わるまで、月日が止まるまであなたのそばに永遠にいたいと願っています。あなたのお気持ちもお聞かせください」と問いかけた。「わたしも愛する気持ちに変わりありません」。そんな嶋子の答えを聞いた乙女は「それでは船かじを漕いで蓬萊山《ほうらいさん》（神仙《しんせん》世界）へ行きましょう」と誘った。

乙女が嶋子を教え諭して眠らせると二人はいつの間にか海上の広く大きな島に着いた。地面は玉を敷きつめたように美しく、高い宮門は光と影を重ね合い、楼殿は鮮やかに照り輝き、いまだかつて見たことも聞いたこともないところであった。互いに手を取りあってゆっくりと歩き、ひとつの大きな邸宅の門に着いた。乙女は「しばらくここでお待ちください」と言い、門を開けて中に入っていった。すると七人の童子がやって来て「この人は亀比売《かめひめ》の夫だ」と互いに語り合った。また、八人の童子がやって来て「この人は亀比売の夫だ」と互いに語り合った。それを聞いた嶋子は乙女の名が亀比売であることを知った。乙女が出て来たので、嶋子は童子たちのことを話した。乙女は「七人の童子はスバル星、八人の童子はアメフリ星です。怪しまないでください」と言った。

乙女は嶋子の前に立って案内し、邸宅の内へと進み入った。そこでは乙女の両親が嶋子を迎え、挨拶を交わして席をすすめた。そして人の世と仙人の世界の違いを説明し、人と神との偶然の出逢いは喜ばしいものだと語った。嶋子は数々のご馳走を勧められ、兄弟姉妹たちとも酒を酌み交わした。隣の里から来た幼女たちが紅い顔をして楽しげに一座に加わった。仙界の歌は声も爽やかに、神舞《かみのまい》は手ぶりもなよやかに、饗宴の華やかさは人の世の何倍も勝っていた。日が暮れることもわからぬまま宴は続き、夕暮れになると仙人たちは徐々に帰っていった。その場に留まった嶋子と乙女は互いに肩を寄せ合い袖を接し、夫婦の契りを交わした。

こうして嶋子は郷里を忘れ、仙人世界に遊び、すでに三年が経った。ある日、急に故郷が懐かしくなり両親に会いたいと思うようになった。悲しみは次々と湧き起こり、嘆きは日々増すばかり。乙女が「最近のあなたは様子がちょっと変です。何か心配ごとでもあるのでしょうか」と話しかけると、嶋子は「昔の人が言うには、凡人は郷土を思い、狐は死ぬときに故郷の丘を枕にするといいます。これまでそれを偽りごとと思ってきましたが、今は本当なのだとわかりました」と答えた。「故郷に帰りたいのですか」と乙女が尋ねると、嶋子は「故郷を恋い慕う思いを抑えきれぬまま、あなたには軽々しいことを口にしてしまいました。できればしばらくの間故郷に戻り父母に会いたいのです」と言った。それを聞いた乙女は涙を拭って嘆き、「金石のような永遠を約束したのに、故郷のことばかり思い、わたしを顧みないのですね」と言った。二人は手を取り合って行きつ戻りつ、話し合っては泣き悲しんだ。だがついに嶋子は袂《たもと》を翻《ひるがえ》し、故郷に帰ることにした。それを聞いた乙女の両親や親族も別れを悲しんで見送りにきた。乙女は玉匣《たまくしげ》（玉手箱）を取り出して嶋子に手渡し、「いつまでもわたしを忘れず、再び会いたいと願うのでしたら玉匣を決して開けて見ないでください」と語った。二人は二艘《そう》の船に分かれて乗り、乙女は嶋子を眠らせた。すると嶋子は一瞬のうちに故郷筒川の郷に戻ってきた。

村里では人や物の様子はすっかり変わり果てていた。彼は郷の人をつかまえ、「水江の浦嶋子の家の人たちは今どこにいるのですか」と尋ねた。郷人は「ずいぶんと昔の人のことを尋ねるものですね。古老たちの話では遠い昔、水江の浦嶋子という者があって、ひとり海に漕ぎ出したきり、戻ってくることはなかったといいます。すでに三百余年も昔のことだとか。それにしても突然どうしてそんなことを尋ねるのですか」と聞いた。

嶋子は茫然と故郷を歩き回ったが、誰一人として顔見知りに会うことはなく、十日が過ぎた。乙女を思い出した嶋子は玉匣を手に取り、約束のことも忘れて蓋を開けてしまった。するとあっという間にかぐわしい香りをしたものが風雲とともに天上へと飛んで行った。嶋子は約束のことを思い出し、もう二度と乙女に会うこともできなくなったことを知った。彼は咽《むせ》び泣きしながらあちこちを歩き回り、ようやく涙を拭って歌うことには、

常世べに　雲立ちわたる　水の江の　浦嶋の子が　言持《ことも》ちわたる

(水の江の浦嶋子の言葉を伝える雲は常世の方へとたなびいている)

神女は遥かに芳しい声を飛ばして歌った。

大和辺《やまとべ》に　風吹き上げて　雲放《くもばな》れ　退《そ》き居《お》りともよ　吾《わ》を忘らすな

(大和の方に風が吹き上げ、雲も吹き飛ばしてしまった。あなたとは離れ離れになってしまったけれど、どうかわたしのことを忘れないで)

嶋子はまた愛しい思いに堪えかねて歌った。

子らに恋ひ　朝戸を開き　吾が居れば　常世の浜の　波の音《と》聞こゆ

(あなたを恋い慕い、独り寝の夜が明け、家の戸をあけて外を眺めていると、常世

の浜に打ち寄せる波が聞こえてくる）

後の世の人は加えてこう歌った。

水の江の　浦嶋の子が　玉匣　開けずありせば　またもあはましを
（水の江の浦嶋の子は玉匣を開けなければ、また会えたのに）

常世べに　雲立ちわたる　たゆまくも　はつかまどひし　我ぞ悲しき
（常世に向かって雲が棚引いている。何と悲しいことだろう）

最古の浦嶋伝説を俯瞰する

『日本書紀』と『丹後国風土記』の伝説は舞台やモチーフの共通点からほぼ同時代、内容的にみて同一と言ってもいい。

『日本書紀』は養老《ようろう》四（七二〇）年に日本最初の正史としてまとめられた。

一方、『風土記』は和銅《わどう》六（七一三）年に発せられた朝廷の詔《みことのり》により各地でまとめられた地誌だ。国ごとに地名の由来や地勢、生物、産物、古老が知っている伝説などが採録された。

『丹後国風土記』のほとんどは散逸してしまい、完全な形では存在しない。残された浦嶋伝説は鎌倉末期にできた『日本書紀』の注釈書『釈日本紀』に転載されて後世に伝わった。

『丹後国風土記』の浦嶋伝説は八世紀初頭、丹波国に国守として赴任した伊預部馬養（生年没年不詳）が記録したものと相違ないという。彼は日本古代の重要な法典のひとつである大宝律令《たいほうりつりょう》の制定（七〇一年）に関わり、また皇太子時代の文武《もんむ》天皇の教育係を務めたことでも知られる。

『丹後国風土記』には浦嶋子の出身地が「丹後国、与謝郡、日置里」と記されている。そこから浦嶋伝説が収録された年代がさらに絞り込めそうだ。行政区画の変遷をみると「国《こく》、郡《ぐん》、里《り》」と呼ばれたのは七〜八世紀のわずかな時期だ。『出雲国風土記《いずものくにふどき》』には、霊《れい》亀《き》元（七一五）年にそれまでの「里」が「郷《ごう》」と改称され、郷の下に里が置かれることになったとある。つまり『丹後国風土記』の浦嶋伝説は『風土記』撰上《せんじょう》の詔が出された和銅六（七一三）年から「里」という地名が「郷」に改称される霊亀元（七一五）年までの二年間に書かれたものだ。

流れを整理すると、丹後を舞台とする浦嶋伝説の原話が存在し、それは七一三〜七一五年の『丹後国風土記』、七二〇年の『日本書紀』に記された。

現存する伝説の中で『丹後国風土記』の浦嶋伝説が一番古い。『日本書紀』に「別巻」と書かれるのは内容的に『丹後国風土記』とみていい。双方の関係は原典とその抄録《しょうろく》になるだろう。

『丹後国風土記』『日本書紀』の浦嶋伝説は一読して儚《はかな》いラブストーリーとわかる。

主人公　浦嶋子
年代　雄略二十二(四七八)年
舞台　丹後国、与謝郡、日置里　筒川
発端　カメを釣り上げ、亀比売と出会う
行き先　蓬萊山
結末　三百年経った故郷で玉匣を開け、亀比売と別れ別れになる

主人公の浦嶋子は「うらのしまこ」とも読む。現在知られる「浦島」のように浦と島をつなげる呼び名とは異なる。

彼は五世紀に生きた丹後の人として登場する。四七八という年はやけに具体的で曰《いわ》くありげだが、ひとまず浦嶋伝説の「昔々」を四七八年として進めていく。

浦嶋子は船で海に漕ぎ出しカメを釣り上げた。現代の昔話とは展開が違う。いじめられていたカメを助けるのではなく、浦嶋子はカメに化けてやって来た亀比売と恋に落ちるのだ。

しかも嶋子は龍宮ではなく蓬莱山へと出かけていく。『神仙思想』（下出積與著）を参考にすると蓬莱山とは紀元前三～四世紀頃の古代中国で信じられた神仙思想の理想郷だ。神仙思想は不老不死の楽園を求め、実践を行う古代中国の思想で、道教の基礎となった。日本では七福神のひとり、福禄寿《ふくろくじゅ》が道教の長寿神として知られる。中国東部の渤海《ぼっかい》に不老不死の仙人が暮らす島、蓬莱山があるという。

また最古の伝説では浦嶋子が「玉匣」を開けても老人にならない。中に「かぐわしい香りをしたもの」が入っていて、「風雲とともに天上に飛んでいった」ことから、玉匣の中に身を潜めていたのは亀比売あるいはその霊魂だったとわかる。

現代の昔話は太郎が助けたカメによって龍宮へと案内される報恩譚《ほうおんたん》と、玉手箱の禁を破って老人となる祟《たた》りのような結末が混在し、意味不明で読後感もよくない。それに比べ『丹後国風土記』の伝説は悲恋物語としてシンプルで一貫性がある。

そもそもなぜ丹後にこのようなラブストーリーが伝わるのか。もしかしたら五世紀頃、本当にどこか遠い異国へ出かけた者がいたのかもしれない。物語を鑑賞するだけではなく、その背景を現実軸で追跡するには現場に出かけなければならない。

丹後の浦嶋伝承地、伊根町へ

伊根町の浦嶋神社（宇良神社）に出かけたのは平成十四（二〇〇二）年十一月のことだ。

折しもその日は雨だった。濃いガスが周囲一面をおおい、山も川も白くかすんでいた。時折海から渡ってくる一陣の風により、霧の中から一瞬、黒い山が姿を現しては消えた。川のせせらぎが靄《もや》の向こうから響いてくる。もののあわれというのはこのことだろう。心細さにもどこか風情をおぼえ、ひとり道を進む。

山を越えて本庄浜《ほんじょうはま》に行く途中で浦嶋神社が見えてきた。歴史を感じさせる鳥居と社殿は雨露に洗われたまま、ひっそりと静まりかえっている。

浦嶋神社の創祀《そうし》は天長《てんちょう》二（八二五）年、祭神は浦嶋子（浦嶋太郎）、相殿神《あいどのしん》は月読命《つくよみのみこと》、祓戸大神《はらえどのおおかみ》という。

あらかじめ電話をしておいた宮司の宮嶋淑久さんを訪ね、宝物資料館へと案内された。そこには玉手箱が収められているという。

「開けてはならぬ」と言われた箱とはどのようなものか？

「中をどうしても見てみたい」と言ったら、断られるだろうか？

期待と不安が入り混じるまま宝物資料館に入った。すると箱はすでに開かれていた。ちょっと拍子抜けしてしまったが、考えてみればそれを開けたのは浦嶋子その人のはずであり、開いていて当然なのだろう。

亀甲紋櫛笥《きっこうもんくしげ》と呼ばれる玉手箱の正体は女性が身の回りの小道具をしまう化粧箱だ。大きさは縦四十センチメートル、横二十六センチメートル、高さ二十一センチメートルで、上下段に区切られた箱の中には化粧道具がしまわれている。黄色味を帯びた黒漆研出《くろうるしとぎだし》梨子地《なしじ》に亀甲紋の蒔絵が施され、時代を経た伝世品が放つ底光りに圧倒される。

宝物資料館にはその他に能面や小袖《こそで》の神御衣《かんみそ》など神社にゆかりの品々が並んでいた。ガラスケースに収められたウミガメの剥製《はくせい》に目が奪われる。宮嶋さんによれば、三十年ほど前に近くの漁師が持ってきたタイマイだという。タイマイの甲羅は、櫛などのべっ甲細工に活用された。

「カメは大八車に載ってやって来ました。定置網にかかったウミガメを引き揚げた漁師は『乙姫さんが来たんだから、浦嶋さんに会わせてあげよう』といって神社に奉納したんです。『浦嶋さんに良いことをすればきっとご利益がある』というわけです」

「ウミガメだけですか？」わたしの疑問に宮嶋さんは答えた。

「いや、川や池にいるイシガメやクサガメも『カメ、カメ』言うてよく連れてこられました。それらは境内の池に飼ってあります」

宝物資料館の床の間には大きな掛幅《かけふく》が一幅かかっていた。浦嶋子が蓬莱山へ出かけ、帰還後に浦嶋神社が建てられるまでのできごとが素朴な筆づかいで描かれている。

この掛幅は神社に伝わる絵巻『浦嶋明神縁起《うらしまみょうじんえんぎ》』をもとに描かれたものだ。絵巻は全長九メートル半以上にもおよぶ長大なものであり、浦嶋伝説を題材とする絵巻としては最古で、国の重要文化財に指定されている。『仏教美術を学ぶ』の中で美術史家の中野玄三は絵巻を鎌倉末期（十四世紀前半）、掛幅を室町前期（十五世紀）の作品と指摘する。

掛幅の絵は上段に色鮮やかな蓬萊山が、下段には墨を基調とする丹後の景観が配される。脈打つような黒い山肌は松や杉で埋め尽くされ、一条の滝が巨大な雲龍山《うんりゅうざん》の斜面を滑り落ちていく。浦嶋子は赤い衣服を身につけて登場する。打ち寄せる波を前に、目の上に右手をかざし遠く水平線を見やっている。

宮嶋氏は掛幅の絵解きをしながら、神社に伝わる浦嶋伝説を教えてくれた。よく通る声と流れるように展開していく物語に耳を傾けるうちいつしか浦嶋伝説の世界に引き込まれていった。

話を聞きながら意外なことに気付いた。掛幅に描かれる浦嶋子は玉匣を開けて老人になっているのだ。宮嶋さんが語る説話でも最後には老人になってしまう。『丹後国風土記』に記された最古の浦嶋伝説と、浦嶋神社で代々語り継がれてきた話は結末部分で食い違っているのだ。

現地を訪れてみて、それまでわからなかったことがわかるようになることは多い。だがそれ以上に新たな疑問を抱え込むこともよく起きる。謎解きは白黒の石で陣地を競い合うオセロゲームのようなものだ。わからないことが増えていくと不安に駆られるが、それはゲームが進行している証でもある。ある局面がくると「わからない」部分は一気に「わかる」へと反転することもある。

現段階で言えるのは『日本書紀』『丹後国風土記』が書かれた八世紀と、浦嶋神社が創建された九世紀に百年ほどの隔たりがあることから、その間に何らかの変化が生まれた可能性がある。あるいは古典とは別に信仰上の意味合いがあるのかもしれない。

宝物資料館を出ると降り続いていた雨は上がっていた。雲の切れ目から太陽光がこぼれ落ちてくる。

伝説揺籃の地

伊根町には他にも浦嶋伝説に関係する場所がある。

嶋子の生まれ故郷、筒川村は残っていないが、山地から流れ出す筒川は今も浦嶋神社の脇を流れ、本庄浜で日本海に注ぐ。筒川沿いの崖には小さな穴が開いていた。龍穴《りゅうけつ》と呼ばれ、浦嶋子が蓬萊山から戻ってきた穴、帰ってきた時に腰を下ろして休んだ場所とも言われる。小さく狭いが奥は深く、冷んやりとした空気が流れてくる。穴の中に入った犬が遠くの海岸で発見されたという言い伝えもあるようだ。

また地元では浦嶋子に二人の叔父がいたと伝えられている。

浦嶋子の父である浦嶋太良は三人兄弟の長男で、二人の弟は曽布谷《そぶたに》次郎、今田《いまだ》三郎といった。近くには弟たちの屋敷跡を示す石碑が立っていた。浦嶋子の父や叔父が伝説に登場するのは江戸時代のことだ。[『浦嶋子口傳記』解題」（國學院大學大學院臼田ゼミナール）によれば、元禄《げんろく》九（一六九六）年に浦嶋神社の別当《べっとう》を務めていた平野山来迎寺《らいごうじ》の住持《じゅうじ》、法印真南が地元に伝わる口伝をまとめて書いた「浦嶋子口伝記」に彼らが出てくる。

伊根の集落を見下ろすように雲龍山（標高約三百五十八メートル）が東の空に屏風を広げたように立つ。山頂付近から布引《ぬのびき》の滝が落ちていた。京都府内の滝としては最大の落差九十六メートルあるが、雨の少ない時期には麓からしか望めないため幻の滝とも呼ばれる。伝説では玉手箱から立ち上った煙が山の上にたなびいたという。

筒川に沿って本庄浜へ向かうと、途中の小高い丘の上に大太郎嶋《おおたろうしま》神社がある。その小さな祠《ほこら》に嶋子の両親が祀《まつ》られている。

海岸には漁師たちの作業小屋が並んでいた。沖合には浦嶋子が近くでカメを釣り上げたとされる「舟つなぎ岩（鯛釣岩）」と呼ばれる岩礁が顔をのぞかせる。護岸工事によってかつての景観は失われてしまったが、波がくり返しゆっくりと浜辺に打ち寄せる様子は昔とあまり変わらないだろう。

浦嶋子の故郷である筒川村は、日置里に属していた。その地名は日置部という古代律令制の品部《ともべ》（技術者集団）と関係があるらしい。『日本書紀』垂仁《すいにん》天皇紀三十九年十月条には、五十《い》瓊敷命《にしきのみこと》が太刀を作った際、参加した十の品部のひとつに日置部が挙げられている。彼らは鍛冶に使われる炭燎《たんりょう》を担っていたようだ。

宮嶋宮司は「伊根に『アカハゲ』『カナハタ』『カナヤダニ』『ヒタニ』など鉄に関わ

る古い地名があった」と教えてくれた。丹後の日置里でも製鉄技術を持つ人々が活躍していたのかもしれない。

浦嶋神社から七キロメートルほど南東の「亀島」と呼ばれる半島付近には大浦中尾古《おおうらなかお》墳がある。鉄剣や鉄鏃《てつぞく》、須恵器《すえき》などが出土し、「大和朝廷とつながりのある、主として海上を支配する豪族の墳墓であったのではなかろうか」と『伊根町誌 上巻』に推論が書かれている。

『丹後国風土記』によれば浦嶋子は日下部首の祖先だったという。九世紀に編纂された古代氏族の系譜書『新撰姓氏録《しんせんしょうじろく》』を参考にすると、日下部首は開化《かいか》天皇の皇子である彦坐命《ひこいますのみこと》の血を引く。浦嶋子も皇族家系に属する丹後の有力者とみることができよう。大浦中尾古墳は六世紀末頃のものらしく、そこに眠る豪族が浦嶋子だとは言えないが無関係とも思えない。

大浦中尾古墳から伊根湾に出ると伊根の舟屋として知られる漁村がある。舟屋は海に臨む漁師の作業小屋だ。建物の一階部分に海水が流れ込み、小船を引き入れることができる珍しい構造で、伊根湾の周囲五キロにわたって二百軒以上が並ぶ。過疎化の影響を受け漁業を専業としているのは全体の二割にまで減ったが、所有者の半数は他の仕事を持ちながらも海との関係を保っているという。

舟屋にはどことなく南国の香りが漂う。例えばヤシの葉で葺《ふ》いたタヒチの海上バンガローには干潮時、床下に舟を乗り入れることができる。またその形はインドネシアにある高床式の住居をも思わせる。

伊根の港を舟屋がぐるりと囲む様子は「海に張り出した海上集落」とでも呼べそうだが、由来は謎に包まれている。

広島大学の地井昭夫教授が行った舟小屋の分布調査の結果、北から青森、佐渡島、新潟、石川、福井と南下し、丹後の伊根を越えて袖志《そでし》、兵庫の城崎《きのさき》にも見られ、さらに鳥取、隠岐諸島、島根、山口へと続く。舟屋はずらりと日本海沿岸の港町に並んでいたのだ。地井氏は二百年前のタイのバンコク、あるいはインドネシアのスラウェシ島などの港湾建築にも、舟屋の流れを見てとる。

舟屋の存在は丹後が遠い海の先とつながっていたことを示す証なのだろう。

古代丹後の人たちはどこまで航海できたのか？　伊根町の南東十九キロメートル、若狭湾大浦半島で見つかった浦入《うらにゅう》遺跡（京都府舞鶴市）から、全長十メートルと推定される丸木舟の一部が出土した。縄文時代の船としては最大級であり、外洋航海も不可能ではない大きさだ。

舞鶴市の中《なか》総合会館に展示されている丸木舟の表面には焦げ跡が残っていた。直径一メートルあまりの杉の丸太を半分に割り、焼いた石で少しずつ焼き焦がしてくぼみをつけ、最後は石斧でくりぬいて造られたようだ。

今から約六千年前の丸木舟は、縄文人に対するイメージを一新させるほどのインパクトがあった。山野に根ざして暮らす狩猟採集の民というばかりか、実は海へと漕ぎ出した航海民でもあったのだ。

伊根町とその周辺を探るうち、浦嶋伝説が誕生した土地にふさわしい背景が見えてきた。丹後の人は早くも縄文時代に巨大な丸木舟で遠洋航海へと乗り出していた可能性がある。大浦中尾古墳から六世紀後半には地域を治めたリーダーがいたことが明らかで、出土した鉄器は海上交易によりもたらされたものだろう。それらの痕跡は『丹後国風土記』に記された豪族日下部首や製鉄と縁がある日置とも重なる。

また伊根の舟屋は海を隔てた遠い異国とのつながりを連想させ、最古の浦嶋伝説の舞台としての面影を映し出す。実在した浦嶋子のモデルが航海に出て異国の女性と恋に落ちたのではないか――。

いや、浦嶋子が恋をしたのは人間ではなく、カメの化身であった。浦嶋伝説の中でカメは物語をあらぬ方向に展開させるトリックスター（神話に登場するいたずらもの）の役割を演じる。きっとカメに大きな意味が隠されているはずだ。

七不思議の第三に挙げたカメ追跡へと向かおう。

第二章　ウミガメ追跡

ウミガメの骨を求めて

最古の浦嶋伝説は丹後を舞台とする。物語をその現実世界で考えるなら、登場するカメについても、丹後半島や日本海という環境の中で追跡すべきではないか――。『丹後国風土記』には「海中にうかび出でて釣りするに(中略)五色の亀を得たり」と書かれ、『日本書紀』には「舟に乗りて釣りす。遂に大亀を得たり」と書かれている。浦嶋子がカメを釣り上げる場所は海であった。その点から浦嶋伝説のカメはウミガメと考えられる。また浦嶋神社には大八車で神社に運ばれてきたウミガメがいたといい、宝物資料館にタイマイの剝製が展示されていた。

日本近海には五種類のウミガメが生息する。タイマイの他はアカウミガメ、アオウミガメ、ヒメウミガメ、それにオサガメだ。五種類のうち浦嶋伝説に登場するウミガメがどれなのかを特定できれば、生物学的なアプローチができるはずだ。

丹後半島とウミガメの接点を調べるうち、古代遺跡からウミガメの骨が出土していることを知った。京丹後市網野町《あみのちょう》にある縄文時代の浜詰《はまづめ》遺跡で、報告書には「ウミガメ類」の骨と書かれている。その骨を調べれば丹後近海に棲息するウミガメの種類がわかるはずだ。浦嶋伝説のウミガメを調べる足がかりとなるに違いない。

網野町の教育委員会に電話をかけると骨は倉庫に保管されているらしい。担当(当時)の小山元孝さんが調査許可を段取りしてくれた。

網野町に出かけたのは最初に丹後半島を訪れた二〇〇二年十一月だ。到着するなり意外な事実を知らされた。浜詰遺跡がある網野町にも浦嶋伝説が伝わっているという。主人公は嶋子といい、カメは登場しない。乙姫と出会って常世《とこよ》の国へ行き、最後に玉手箱を開けて老人に変身する。その構成は『丹後国風土記』や『日本書紀』とは異なっている。網野の浦嶋伝説は残された資料等から奈良時代にまでは遡《さかのぼ》れないが、その食い違いは奇妙に映る。

わたしは骨が待つ倉庫へと案内された。小さなプレハブの小屋には各地の遺跡から出土した土器のかけら、石器には見えない石ころなどが保存箱にしまわれ、所狭しと並んでいる。小山さんはあらかじめ浜詰遺跡の骨だけを取り分けてくれていた。

目の前の木箱には動物と魚の骨、貝殻などが収められている。砕けて跡形のないものがほとんどだが、明らかにマグロの背骨とわかるものもある。フライドチキンを食べた後に残るような鳥の骨も見かけた。自分が食べたことのある動物の骨はわかるが、それ以外はほとんど、何かもわからない。

骨はすべて今から五千年ほど前の遺跡から掘り出された。縄文人が煮るか、焼くか、あるいはナマのままで食べ、ゴミとして捨てられたものだが、今は貴重な文化財だ。

わたしは考古学や生物学の専門家ではないし、骨について知識があるわけでもない。無謀を承知で、手元に広げたウミガメの骨格図を頼りに一つ一つ照合していく。

小一時間も骨と格闘したがそれらしきものは見つからない。気軽に始めてはみたものの、骨から何の動物かをズバリ言い当てるなどやはり素人には無理だ。次第に後悔の念も濃くなってきた。諦めかけた時、箱の隅に落ちている骨に目が留まった。掌におさまるほどの平らな骨片でほどよく湾曲している。その曲がり具合が、ウミガメの甲羅を思わせなくもない。骨格図とつき合わせるとそれらしい骨が存在する。ついに探し当てた！

様子を見にやってきた小山さんに意見を求めた。

「動物の骨はまったくですわ」と言っていた彼も、骨片を手に取るとその形に興味を惹かれたようだ。

「ウミガメと言われれば、まあそう見えんこともないです。でも知りませんわ」

おだやかだった表情が少し弾んでいた。

骨の写真を何枚か撮り、小山さんに礼を言って別れた。

専門家に分析を依頼する

ウミガメの専門家から意見を聞こうと思ったわたしは、ネット検索で大阪の枚方《ひらかた》市にあるNPO法人日本ウミガメ協議会の存在を知った。会長（当時）は亀崎直樹氏というらしい。実によくできた話ではないか。浦嶋伝説のウミガメを追い、ウミガメ協議会の亀崎先生と出会う。そこから大いなるウミガメ探検が始まる――。作り話と思い込む限り、こんな現実は起きない。

亀崎先生は日本のウミガメ研究の草分け的存在で、ウミガメ保護活動に当たる関係者の中に「カメザキ先生」を知らない者はいない。一九九〇年に立ち上げた日本ウミガメ協議会には全国からウミガメの情報が寄せられるという。

浦嶋伝説のウミガメ探しについて話をすると、亀崎先生ものってきた。そして開口一番、こう切り出した。

「縄文時代のウミガメは今の種と同じだったのかな？　古生物の専門家に聞かないとわからないけれど、その頃はまだ化石ガメの一部がいたりして……」

冗談のような雑談も、こちらとしては一大事に聞こえる。

恐竜時代の生き残り、全長三・六メートルにもなる地球最大の化石ガメ、アルケロンの背に乗った浦嶋子が海を渡っていく情景が脳裏をかすめた。まるでSFの世界だ。事実はファンタジーよりも奇なりか！

だが、さすがに化石ガメとは時代が違いすぎるため、現代のウミガメ五種類をもとに考察していく。

アカウミガメは名前のごとく全体に甲羅が赤褐色《せきかっしょく》をしている。雑食性で、主に貝や甲殻類を好んで食べる。夏になると産卵で日本本州に上陸するのはほとんどがアカウミガメだ。徳島県日和佐《ひわさ》の大浜海岸、静岡県御前崎《おまえざき》海岸のアカウミガメとその産卵地は国の天然記念物に指定されている。

アオウミガメは海草や藻類を食べる。まだ幼く若いうちは甲羅が青緑がかった色をしているが、成長とともに褐色や淡黄色《たんこうしょく》をした放射状の模様が現れる。日本での産卵地は主に小笠原諸島や奄美、琉球列島だ。

タイマイは熱帯から亜熱帯、珊瑚礁が発達した海域に棲み、餌はカイメンが主だ。産卵は沖縄本島以南の暖かい海域に限られる。甲羅には黄色、あめ色、茶色が交じり、気品の高さからべっ甲細工として珍重される。絶滅が危惧され、他のウミガメ同様ワシントン条約によって輸入が禁止されている。

ヒメウミガメは他のウミガメに比べれば日本近海で見かけることは少ない。アカウミガメと同じように雑食性で、色はオリーブ色をし、甲羅は楯のような形だ。

一方、オサガメは異色の存在だ。硬い甲羅を持たず、黒い皮膚が背中全体をおおう。クラゲを食べ、甲長は二メートル近く、体重は五百キログラムにまで達する。

浦嶋伝説の「五色亀」のイメージに近いのは甲羅を青緑から褐色、淡黄色に変化させるアオウミガメだろうか。また「大亀」と言われればオサガメが当てはまりそうだ。わたしがウミガメの種類にこだわるのは、物語のリアリティを掴みたいからだけではない。

ウミガメは種別ごとに産卵域が異なる。日本で産卵を行うアカウミガメは本州中部から沖縄県の八重山《やえやま》地方まで、アオウミガメは鹿児島県の屋久島《やくしま》から南、タイマイは沖縄本島から南と、それぞれの北限は南にずれていく。オサガメとヒメウミガメは日本では産卵しない。ウミガメの種別ごとに回遊域が異なり、目撃されるウミガメも地域によって異なる。その違いから浦嶋子が出会った亀比売《かめひめ》の正体や蓬萊山の位置がわかるかもしれないと考えたのだ。

わたしは浜詰遺跡から出土した骨の写真をバックパックから取り出し、亀崎先生に見せた。写真を見るなり、亀崎氏は「カメだ」と反応した。

わたしは湧き起こる興奮を押し殺して尋ねた。

「何ガメでしょう？」

「うーむ」

「アオですか？　アカですか？」

亀崎先生はしばし写真を凝視し、「実際に見てみないと何とも言えない。カメかどうかも含め、写真では正確な判断をしかねる」と言った。

もうひとつの浦嶋伝承地、網野町

亀崎氏と丹後半島へ向かったのはそれから一カ月後のことだ。網野町教育委員会に着くと、小山さんが迎えてくれた。小山さんもウミガメ追跡に期待を寄せているとみえ、地元の浦嶋伝承地について熱心に教えてくれた。

関係する神社はいくつもあり、網野神社と島児《しまこ》神社、六《ろく》神社には嶋子が祀られ、西浦《にしうら》福島《ふくしま》神社の祭神は乙姫だという。福田《ふくだ》川《がわ》の河口にある島児神社近くの海岸には伝承地も残されている。嶋子が釣りをしていた釣溜《つんだめ》、赤子の嶋子が育ての親に拾われた福島、乙姫といっしょに常世の国に出かけたのも同じ福島からだ。福田川が流れる網野町の中心部には嶋子の館跡があり、玉手箱を開けて老人になった嶋子が顔の皺をちぎって投げつけたという皺榎《しわえのき》の古木もある（二〇〇四年に台風の影響で折れてしまった）。網野町の浦嶋伝説は古典の記録としてではなく、郷土の記憶として神社や伝承地に刻まれているのだ。

中には意味を考えさせられる点もある。嶋子の館跡と皺榎は網野銚子山古墳に寄り添うように位置している。それは日本海側で最大規模を誇る前方後円墳だ。嶋子の館跡はなぜ古墳の麓にあるのか——。伊根町に伝わる浦嶋伝説やその現場とは違う、もうひとつの伝承地が網野町なのだ。

小山さんの話をもっと聞きたい。だが傍では亀崎先生が骨と向き合っていた。

やがて先生が沈黙を破った。

「すごい食い方だなあ。骨がみな砕けてる。縄文人は骨の髄まで啜《すす》っていたんじゃなかろうか？」

先生の顔色をうかがいながら、わたしは尋ねた。

「で、何ガメなんです？」

「いや、これはカメではないね」

「なんと！」

「なにかの動物の頭骨の一部だね」

わたしは気が抜けてしまった。もともと写真ではわからなかったが、骨に亀裂のような線が見つかった。ウミガメの甲羅にはそれがないという。残念ながらわたしが見つけた骨はウミガメのものでなかった。

それでも先生は木箱の中にカメと思われる小さな骨片を見つけた。

「イシガメやね。正確には淡水ガメの専門家に見てもらわないとわからんけど」

ウミガメと淡水ガメでは専門家が違うのだ。だがわたしはどうにも腑《ふ》に落ちない。遺跡の発掘報告書には「ウミガメ類」と明記されていたではないか……。

旅から戻ってしばらくしたある日、網野町の小山さんからメールが届いた。

「亀の甲のありかをつきとめた！」という。

小山さんは地元に残る資料に当たり、遺物が京都府立丹後郷土資料館に所蔵されていることを確かめた。

二〇〇三年四月、わたしは亀崎先生と共に再び丹後へと出かけ、資料館の福島孝行氏に迎えられた。

「これがそのカメの甲ですわ」福島氏が指さした。

扇形をした茶色い骨片で、表面はざらざらしている。大きさは五センチメートルほどしかない。見たところ大きなウミガメのものとは思えない。

案の定、亀崎先生の判定もウミガメではなかった。答えはスッポンの甲羅だという。後日、スッポンの研究者による写真同定でも間違いないとの結論が出た。

がっかりしたわたしとは裏腹に歓喜したのは福島氏の方だった。スッポンがいつ頃から日本にいるのかは正確にはわかっていないという。神戸の桜ヶ丘遺跡から出た銅鐸《どうたく》に描かれた絵から弥生時代頃と考えられていたが、浜詰遺跡からスッポンが出たとなれば、時代は一気に縄文時代まで遡ることになる。

郷土資料館を出ると、わたしは亀崎先生とともに網野町へ向かった。協力してくれた小山さんに報告をしたかったからだ。

「亀の甲」の正体を知ると、小山さんは膝をポンと叩き鳴らした。

「網野でスッポンを食っとりましたか！」

がっかりするかと思ったが、小山さんは予想だにしない結果を楽しんでいるようだ。だがわたしはますます納得がいかない。「ウミガメ類」の骨は見つからずじまいだ。

最古の絵巻をもとにカメの正体に迫る

そこで翌日、亀崎先生を誘い伊根町の浦嶋神社へ出かけることにした。骨がだめなら「浦嶋明神縁起」に描かれた絵をもとにウミガメの種類を読み解けないかと考えたのだ。

神社では宮嶋宮司が迎えてくれた。ほんの数カ月前、近くにオサガメが泳ぎ着き、連絡を受けた日本ウミガメ協議会の調査員が神社にも立ち寄っていったという。

これまで丹後でタイマイやオサガメの話を耳にしたが、カメの情報が集まりやすい浦嶋神社はむしろ特殊な存在だ。亀崎先生によれば日本海側での目撃情報は太平洋側に比べれば圧倒的に少ない。漁師の定置網にかかる以外、晩秋から冬にかけて衰弱したり死体になって浜に打ち上がったりするのを見かけるぐらいだという。

ウミガメにとって日本海とはどのような場所なのだろうか。夏に豊富なえさを求めてやって来たものの、秋から冬にかけて水温低下とともに弱り、ついには北風に吹かれて浜に打ち上げられてしまう。冬の日本海はウミガメにとって死の袋小路だとも言われる。

その説を裏付けるような伝説が日本海を望む山形県鶴岡《つるおか》市に伝わっている。『湯の里

――湯野浜の歴史 開湯伝説から九〇〇年』(湯野浜地区住民会著)によればある日、一人の漁師が海辺で大亀を見つけた。亀は傷ついており、湧き出る温泉に身を浸していた。大亀は毎日やってきて、七日で傷口が癒えると来なくなった。その後、漁師の夢に奇妙な老人が現れ「自分は温泉で傷を癒したカメだが、これからは温泉の守護神となって人々を守ろう」と告げた。大亀がいた場所には祠《ほこら》が残され、龍王と乙姫が祀られている。

傷ついた大亀が温泉で傷を治す伝説の背景には、日本海の厳しい環境にさらされるウミガメの試練とそれに胸を痛める人との心のふれあいが映し出される。日本人にとってウミガメは単なる動物ではない、それを超えた存在なのだ。いつしかウミガメは神として信仰されるようになったのだろう。浦嶋伝説のウミガメにも似たような側面があるのではないか――。

亀崎先生は浦嶋神社の掛幅に歩み寄り、浦嶋子が釣り上げたカメを凝視した。甲羅は青っぽく色付けされている。だがその色味は判断基準にはならないらしい。

亀崎先生は第一印象を口にした。

「頭の形はスッポンそのものやね」

またしてもスッポン！　浜詰遺跡でたどり着いたのはスッポンとイシガメの骨だった。ウミガメを追えば追うほど姿を見せる淡水ガメたち。わたしはここで自らに問いかけた。浦嶋子を蓬莱山へ誘ったのは、本当にウミガメでいいのか。勝手にウミガメと思い込んでいるだけではないのか――。

固定観念の罠にかからないようにするためには、矛盾点に気づいた時点で組み立てた仮説をわざと突き崩してみることだ。何事にも例外はあり、それが矛盾点に見えることもある。その見極めをすることで、仮説はより強固なものとなる。

浦嶋伝説のカメは淡水ガメ？

浦嶋伝説のカメが淡水ガメである可能性について検討してみる。確かに絵本に登場する浦島太郎のカメは多くがウミガメだが、中には異なる姿のものも見かける。甲羅の後ろに毛が生えたカメだ。「ミノガメ」と呼ばれ、蓑を腰にまとったような姿をしている。鶴亀のおめでたい絵に登場し、架空の存在ともみなされる。ところがそれは空想の産物というわけでもない。年老いたイシガメの背に藻がついたものは藻引きガメと呼ばれ、ミノガメのルーツとされる。

浜詰遺跡から出た骨にもイシガメが混じっていた。浦嶋子が出会ったのはミノガメだったのでは……と考えも傾いていく。だが『浦島伝説の研究』(林晃平著)には中国の医学書『本草綱目《ほんぞうこうもく》』に書かれた緑毛亀《りょくもうがめ》(藻引きガメ)が日本に伝わり、ミノガメが知られるようになったとある。浦島のカメがミノガメとして描かれるのは十七世紀初めの江戸時代以後のことだ。

古代の日本人はカメをどのように認識していたのか？

『丹後国風土記』や『日本書紀』が完成する前後の時代、カメはより神秘的な存在だった。七、八世紀に造営された高松塚《たかまつづか》古墳やキトラ古墳の壁画にはカメにヘビがからむ姿をした玄武《げんぶ》という神獣が描かれている。古代中国から日本に伝えられた玄武は青龍《せいりゅう》、白虎《びゃっこ》、朱雀《すざく》とともに、東西南北の四方を護る動物のひとつで、北の守護神であった。

平安時代になるとカメはより現実的な存在とみなされるようになった。

承平《じょうへい》（九三一～九三八）年間に完成した平安時代の辞書『倭名類聚抄《わみょうるいじゅしょう》』（巻十九）には五種類のカメが挙がる。亀（和名でうみかめ）、秦亀（いしかめ）、鼊（かわかめ、スッポン）、黿鼉（おおかめ）、摂亀（こかめ）。

このうち黿鼉（おおかめ）と摂亀（こかめ）の種別は不明だが、ウミガメ、イシガメ、スッポンは平安時代の人々にも認識されていた。ただし鎌倉末期に完成した浦嶋神社の絵巻からうかがえるように、十四世紀前半になっても人々はまだウミガメの種類までは厳密に区別していなかったようだ。

ウミガメの種類が判明

亀崎先生によると絵巻のカメは頭がスッポンのようだが、サイズからするとウミガメに間違いないという。ウミガメとするなら種類は何か――。

やがて先生はわたしに振り返り、すこしにっこりとして言った。

「サイズからすればアオやね」

ついに出された問いの答えはアオウミガメ！

絵巻に描かれたカメの甲羅は浦嶋子が伸ばした左手の長さと同じくらいある。甲長五十センチメートルほどだろうか。ウミガメとしては小さい。アオウミガメの場合、成体であればその倍以上の百二十センチメートルまで大きくなり、体重も二百キログラムを超える。つまり描かれた浦嶋伝説のウミガメは子ガメなのだ。

亀崎先生によれば、その小ささこそが推測の決め手になったという。日本近海では甲長四十〜六十センチメートルの若く小さいアオウミガメが海草や藻を食べながら成長し、漁師の定置網にかかるのも実際にそのサイズのものが多いという。

これまで歴史や文学の対象に限定されていた浦嶋伝説だが、生物学から斬り込むことで思いもしない化学反応が起き始めた。

「それにしてもちっちゃいなあ。とても伝説の大亀とは言えない……」

亀崎先生は『日本書紀』の「大亀」と絵巻の子ガメの食い違いを指摘し、こう付け加えた。

「やはり、丹後でウミガメは珍しいんだろね」

丹後半島近海で産卵のため浜に上がってくるウミガメは稀だ。甲長一メートル近くにもなる成体のウミガメをほとんど見かけることがない土地では、カメと言えば池や沼で見かける掌大の淡水ガメになるだろう。それに比べれば甲長五十センチメートルの子ガメは「大亀」とみなされるはずだ。

しかもウミガメにとって過酷な冬の日本海は人とのかかわりを一層ドラマチックにする。瀕死の状態、あるいは死体となって漂着する姿は時に神秘的に映り、ウミガメは寄りもの（来訪神《らいほうしん》）として意識されるようになった。ウミガメが神女の化身として登場する浦嶋伝説は、丹後半島がウミガメを日常的に見かけない土地だったからこそ誕生したに違いない。

ウミガメ追跡プロジェクト

浦嶋伝説のウミガメをアオウミガメとして考えていく。

亀崎先生は回遊ルートを具体的に知る方法として、甲羅に発信機をつけて追跡する調査方法があると教えてくれた。丹後の海からアオウミガメを追跡したらどこに泳いでいくのか。蓬萊山の位置を知る手がかりをつかめるに違いない――。わたしの夢が膨らんだ。すでに行われている調査は太平洋や東シナ海ばかりなので、日本海で行う価値は高いという。学術的な意味があるなら実現のチャンスもありそうだ。

幸いにも日本ウミガメ協議会、丹後半島近隣の水族館である城崎マリンワールド、浦嶋神社の理解と協力を得て、追跡調査が実施されることになった。

呼びかけに応じた地元漁協から定置網にアオウミガメがかかったと連絡があったのは二〇〇四年十一月五日だった。わたしは日本ウミガメ協議会のメンバーと合流して現地に駆けつけた。城崎マリンワールドで対面したカメは甲長七十二センチメートル、体重五十七キログラムで性別は不明。

協議会のメンバーは慣れた手つきで甲羅に発信機を装着した。それは手のひらに乗るほど小さいが、約百秒間隔で周波数四〇一・六五メガヘルツの電波を発信する。電波は宇宙にまで届き、気象衛星として知られる極軌道衛星ＮＯＡＡがキャッチする。データはフランスのアルゴスセンターに転送され、位置情報が算出される仕組みだ。最大誤差百五十メートル以内という精度でウミガメの回遊を地図上に刻んでいく。

浦島太郎といえばウミガメの背中に乗る姿が象徴的だが、最古の浦嶋伝説にはないモチーフだ。『浦島伝説の研究』（前出）によれば江戸中期の『鸚鵡《おうむ》籠中記《ろうちゅうき》』（朝日文左衛門著）に登場するのが最初だ。当時の人はとんでもない空想を思い付いたものだ。

だが時代は進み、現代のわれわれは昔の人の夢想さえ現実に変えてしまった。ウミガメの背に発信機を取り付け、人はウミガメと一緒に旅ができるようになった。丹後半島を起点とするアオウミガメ追跡は『丹後国風土記』や『日本書紀』の記録を最先端のテクノロジーで検証する、千三百年もの時を超える試みだ。きっとここからも化学反応が起きるはずだ。

浦嶋神社の宮嶋宮司はアオウミガメに「すばる姫」と名前を付けてくれた。捕獲から三日後の十一月八日。すばる姫を日本海に放流する日が来た。船に乗せて沖に出ると、すばる姫は落ち着きをなくして激しく動き始めた。固定していたロープを引きちぎらんばかりの勢いで海に向かおうとする。その本能の強さにわたしは神秘的な力を感じた。

われわれは兵庫県豊岡《とよおか》市の沖合いからすばる姫を無事に放流した。ところがそのまま音信不通となり数日が過ぎてしまう。海に飛び込んだ反動でまれに発信機が外れてしまうことがあるという。またウミガメは天候不良の日には海中でじっとしているらしい。海中にいる限り電波は送られてこない。

NOAAが消息不明のすばる姫から電波をキャッチしたのは六日後、島根県松江市の沖合いだった。丹後半島沖からの距離はおよそ百七十キロメートル。一日平均で二十八キロメートル進んだことになる。時速にすると一キロちょっと。実にゆっくりとしたスピードだ。だがすばる姫は日本海を東進する対馬海流に逆行して進んだ。自分の意思で西へと泳いでいるのだ。

すばる姫はそのまま進み続け、十一月二十七日には対馬と朝鮮半島の間で停滞した。そこに餌場でもあるのだろうか。十二月五日から日本に引き返し、九日には島根県浜田市付近まで戻ってきた。その動きは日本と対馬、朝鮮半島を往復しているかのようだ。

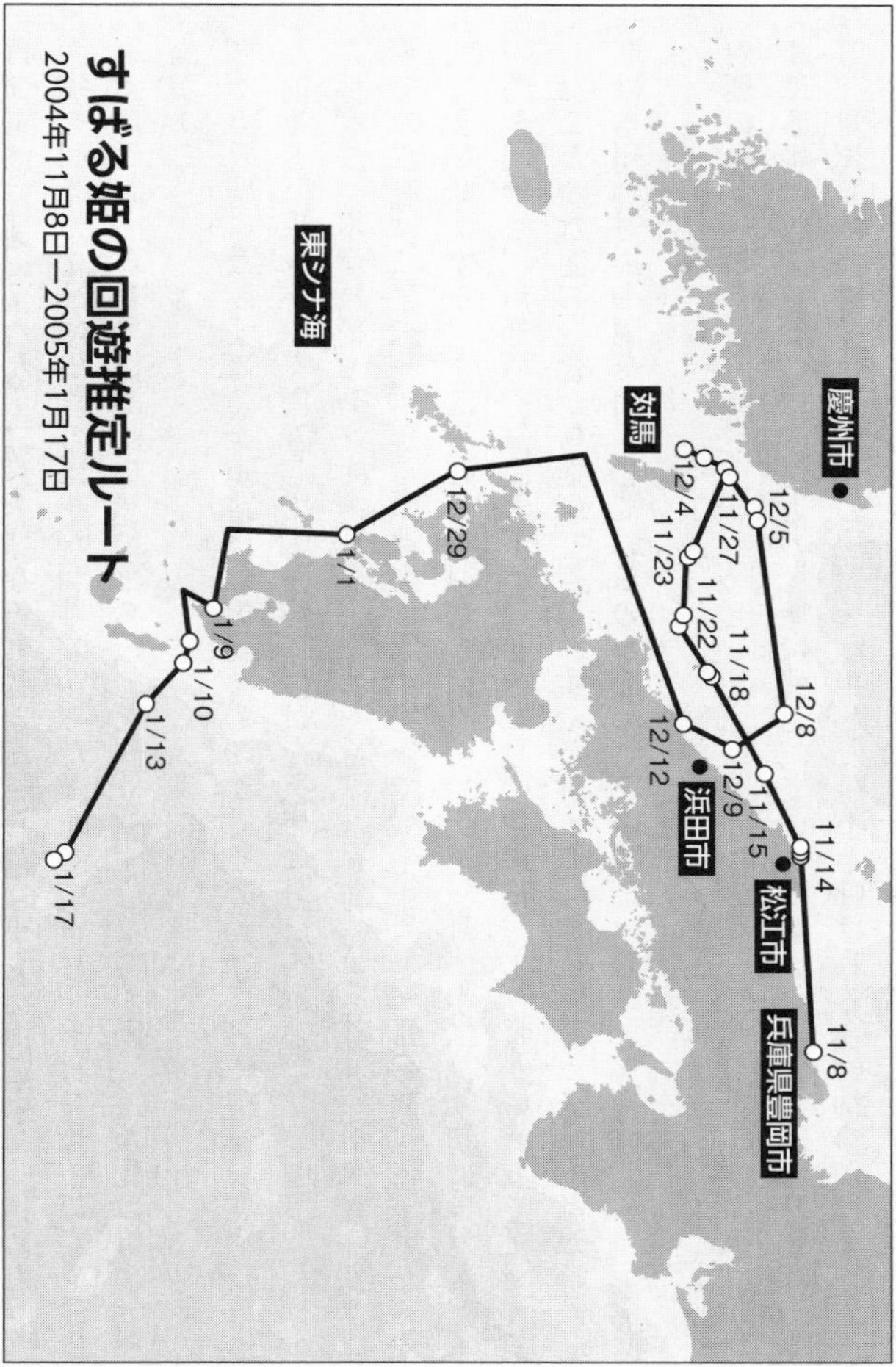

すばる姫の回遊推定ルート
2004年11月8日―2005年1月17日

再び電波は途絶えたが十二月末になると動きが見られ、東シナ海を南下し始めた。九州南端を回り太平洋に出たのは年が明けてからだ。そして一月十七日を最後に、電波は途絶えた。おそらく発信機が自然に落ちたのだろう。すばる姫が向かった先には小笠原諸島がある。

四十九日間に及ぶすばる姫追跡は何を物語るのか。その動きは日本海を行きつ戻りつした前半と、東シナ海を南進して太平洋に抜けた後半に分けられる。

京都府農林水産技術センター海洋センターによると、栗田湾《くんだ》(宮津市)の水深十二メートルでの水温は二〇二一年からの過去十年平均値で、十一月～一月の間に二十度から十五度にまで低下する。すばる姫は水温がまだ高かった十一月～十二月初旬には対馬と本州の間を回遊し、おそらく気温が下がった十二月中旬以後、より暖かい海域を求めて南下したことが水温の変化から推測できる。すると日本海のアオウミガメは水温が暖かい時期は本州と対馬の間を回遊しているのかもしれない。

対馬の亀卜神事

すばる姫の動向を参考に、付近の海域に残されているウミガメと人の関わりを探ってみる。対馬では古来、ウミガメの甲羅を利用した亀卜《きぼく》と呼ばれる占い神事が行われてきた。乾燥させた甲羅に火を当てるとヒビ状の焼き目が入る。ヒビの入り方によって吉凶が判断され、政治や戦争など、国の命運を左右する一大事が決定された。
対馬では今なお亀卜神事がサンゾーロー祭りの中で行われている。
浦嶋伝説のウミガメは神女の化身であり、人と神界をつなぐ存在だった。亀卜神事は
まさにウミガメの甲羅が人に神意を伝える媒介のような役割を果たす。わたしはすばる
姫追跡をする以前、対馬の亀卜神事に立ち会ったことがある。祭日に合わせて対馬へと
出かけたのは二〇〇三年二月三日のことだ。飛行機で上空から近付くと、対馬は島全体
が小高い山の凸凹でおおい尽くされていた。島の土地のおよそ九割が山地だ。昔から農
業がふるわず、山間部でのシイタケ作りは有名だが、もっぱら漁業の島だ。
対馬の面積は六百九十八平方キロメートルという。大きさでいえば鹿児島の南にある
奄美大島に次いで日本では十番目に大きな島だ。
対馬の特徴はその立地にある。九州、福岡の博多港からの距離が約百三十八キロメー
トルであるのに対して、韓国の釜山までならわずかに五十キロメートルと朝鮮半島の方
が近い。定期船に乗れば二時間もかからずに隣国に到着する。
国境の島であることは中心集落である厳原《いづはら》の町を歩いてみるだけでもわかる。店の看
板ばかりか交通標識でさえ日本語と韓国語のバイリンガルだ。貼り出されたポスターに
は韓国の石焼ビビンバを連想させる石焼料理や対馬アリラン祭りが紹介されていた。
もちろん隣国から対馬に渡ってきたのは文化ばかりではない。十三世紀に起きた文永・

弘安の役ではフビライ・ハンの大軍が押し寄せた。モンゴル襲来で最初に日本上陸を許したのは対馬だった。

亀卜神事の名残りをとどめるサンゾーロー祭りは対馬の南端にある豆酘《つつ》の集落、雷《いかずち》神社で行われる。亀卜を伝承してきたのは岩佐家代々の人たちだ。わたしは第六十九代目になる岩佐教治氏に手紙を書き取材の機会を得た。

午後二時になると閑散としていた雷神社に人が集まりはじめた。岩佐氏と供僧《ぐそう》らが神前に矢竹を供える。七十八本の矢竹には白い紙がはさみ込まれ、悪魔祓いの役目を果たすという。

矢竹が供えられ祈禱《きとう》が始まった。一同、祠の前に敷かれたござに座り、まわりを参観者が囲む。祈禱の終盤、岩佐氏は御幣《ごへい》と大きな鈴を手に持って舞い、シャーマンのような恍惚《こうこつ》とした表情をみせた。

ついに亀卜が始まった。岩佐氏は火鉢の脇に座り、懐から亀甲を取り出した。そして木片を炭火で燃やし、その上に押し付ける。亀甲を焼く動作を何度か繰り返した後、筆を手に取り半紙に向かった。そしてただ一心不乱、一気に言葉を書き連ねていく。天皇家の吉凶、国内政治、海外でのテロやら異変、経済情勢……。神からのご託宣《たくせん》はあふれるように筆先から流れ出てきた。大きく広げられたござの上には託宣が記された半紙が一枚、また一枚と並べられていき、足の踏み場もなくなる。

ユニークなのは占いがその年に流行るスポーツやファッション、色などにまで及んでいることだ。二〇〇三年に流行る文化・レジャーは「スキー・ダンス・占い」、色は「ベージュ・紺」、ファッションのキーワードは「知的、シンプル」で服は「タートルネック」。わたしは思わず笑い出しそうになった。カメの甲で占ったら「今年はカメ首のセーターが流行ります」とは——。当の岩佐氏の表情は真剣そのものだ。

一通りの儀式が済んだところで、わたしは岩佐氏から亀卜に使うカメの甲羅を見せてもらった。将棋の駒のような形をしており、茶色く光沢を帯びた甲羅はもうだいぶ年代が経っているようだ。表面には四カ所、火を当てた焦げ跡が黒く残っている。

「今では実際には、火を当てません。形式上、まねをするだけです」

甲羅を焼いていたのは明治四（一八七一）年頃までらしい。

岩佐家の系図によれば初代は聖武《しょうむ》天皇の治世（八世紀）にたどり着く。亀卜神事を代々受け継ぐ中で、モンゴル襲来など一大事に当たっては国家の命運を占ったりもしたが、時代の流れとともに衰退の一途をたどった。

亀卜に使われるのは「浮かれ甲」と呼ばれる漂着死体のカメの甲羅以外に、捕獲されたものも使われていた。九州歯科大学教授の熊谷治氏が岩佐家の先代の記憶をたよりに一九六〇年代に聞き書きした報告（『東アジアの民俗と祭儀』）によれば、豆酘では十一月頃、九人の供僧が早朝裸になって海で体を清めた後、ウミガメ漁のために舟を漕ぎ出した。海に潜るか、網を使うかして捕まえたウミガメを雷神社に運んで祀り、神社の脇を流れる小川で甲羅を剥がしたという。

岩佐氏にウミガメの種類を問うと「アオウミガメ」と答えが返ってきた。

対馬の亀卜と浦嶋伝説のカメが同じアオウミガメというのは単なる偶然ではないだろう。すばる姫の回遊ルートや日本近海で成長するアオウミガメの生態とも合致する。

祭りが終わり、わたしは雷神社の東側に広がる赤米神田《あかまいしんでん》を見に出かけた。赤米は白米に比べると粘り気がなくパサパサしている。大陸から日本に渡来した古代米で、インディカ米に当たる。

地元老人に聞いた話では赤米神田での田植えから収穫、餅つきを行う一連の年中行事は昔から特別の神事とされた。亀卜神事サンゾーロー祭りは、赤米をめぐる歳時記のひとつだという。天下国家の吉凶と同時に、本来はその年の作柄が亀卜で占われた。

対馬の亀卜神事はカメの甲羅を使った占いというだけではなく赤米の農耕儀礼だった。

亀卜と浦嶋伝説

旅から帰り、わたしはもう少し亀卜について調べてみることにした。

古くは対馬や壱岐《いき》、神奈川県の遺跡から亀卜の痕跡が出土している。神奈川県三浦市にある間口《まくち》洞穴《どうけつ》遺跡の遺物から考えると五世紀頃、古墳時代の後期に遡る。五世紀といえば、浦嶋子が蓬莱山に出かけた時代と重なる。

亀卜は中国山東省南部から朝鮮半島を経て対馬に伝えられたとみるのが定説だが、興味深い指摘もある。『亀卜――歴史の地層に秘められたうらないの技をほりおこす』(東アジア怪異学会編)によれば、中国で行われた亀卜にはクサガメやハナガメなど主に淡水ガメの甲羅が用いられ、朝鮮半島では出土事例がないという。つまりウミガメの甲羅を使用する亀卜は日本独自のものらしい。

亀卜が日本の記録に現れるのは奈良時代だ。朝廷の公式行事とされ、専門に司《つかさど》る卜部《うらべ》が設けられた。当時のことを記録した古代の法典『延喜式《えんぎしき》』(巻三　神祇三　臨時祭)によれば、卜部は対馬から十人、壱岐と伊豆から五人ずつ、三国から合計二十人の神祇官《じんぎかん》が集められたとある。

亀卜神事は皇室で新しい天皇が即位する際の大嘗祭《だいじょうさい》でも行われる。新天皇が天照《あまてらす》大神《おおみかみ》はじめ天神地祇《てんじんちぎ》に新穀《しんこく》を奉る祭祀で、東の悠紀殿《ゆきでん》、西の主基殿《すきでん》で使用される新穀をどこで栽培するかを亀卜で占うものだ。

平成元(一九八九)年二月、天皇の即位に合わせて斎田点定《さいでんてんてい》の儀式が行われた。亀卜の結果、悠紀の国が秋田、主基の国が大分と決まり、各地に稲の栽培が委託された。『亀の古代学』(千田稔他編)によれば、平成の大嘗祭で使われた亀甲は小笠原諸島のアオウミガメだったという。

大嘗祭とサンゾーロー祭りから、亀卜は農耕儀礼、特に米と密接に結びついた祭儀のようだ。しかもアオウミガメの甲羅で占うという点まで重なっている。

実際に亀卜はどのようにして行われたのか？

江戸時代の天保《てんぽう》十五（一八四四）年、国学者の伴信友《ばんのぶとも》がまとめた「正卜考《せいぼくこう》」によれば、亀卜者は甲羅に彫り込まれた町と呼ばれる小さい正方形に、点火した木片を決められた火路にしたがって順番に当てていった。煙とともに亀甲にヒビが入り始め、破れると甲を表にし、そこに薄い墨汁を染み込ませる。裂け目がくっきりと浮き出し、神意を読むことができるようになるという。

亀甲に火を当てる時、呪文のような言葉が唱えられる。

「ト・ホ・カミ・エミ・タメ」

唱えられる呪文は自然界に存在する五要素、水（ト）火（ホ）木（カミ）金（エミ）土（タメ）で、それは古代中国で生まれた自然哲学の陰陽五行説《いんようごぎょうせつ》にルーツがある。日本でも十二支や暦、風水などの基礎になっている。また陰陽師《おんみょうじ》でも知られる易と結びついて占術に体系化されていった。

この五要素は色でも表現される。

青（ト）赤（ホ）黒（カミ）白（エミ）黄（タメ）。

『現代に息づく陰陽五行 増補改訂版』（稲田義行著）を見ると、五行説の始まりは伝説的な夏王朝《かおうちょう》の禹王《う》が亀の甲羅に浮かんだ九つの模様から考え出したとある。

古代中国ではカメがよほど神聖視されていたことがうかがえる。『楚辞《そじ》』屈原《くつげん》の天問《てんもん》には「鼇戴山抃　何以安之（大亀が蓬萊山を背負い手を打って舞うというのに、どうしてその山は安定したままなのか）」と歌われ、大亀と蓬萊山との関係に触れている。

蓬萊山は神仙思想で説かれた伝説の地で、渤海の東方海上に浮かぶ不老不死の仙人が暮らす島とされる。古来、その島はカメに背負われていると信じられた。『丹後国風土記』や『日本書紀』の中で浦嶋子が出かけたのはまさにその「蓬萊山」であり、亀比売は蓬萊山のカメの化身なのだ。

亀卜をキーワードに掘り下げていくと、浦嶋伝説との関係が見えてくる。

亀卜——五行——五色——浦嶋伝説の五色亀——大亀——蓬萊山。

最古の浦嶋伝説に登場する「五色亀」と「大亀」は蓬萊山を象徴し、聖なる島を背負うカメだったのだ。

ウミガメと接触することが少ない丹後で、アオウミガメの子どもは人々の目に「大亀」と映り、遠い海から泳ぎつく神そのものとみなされた。日本海を舞台とするアニミズム（自然崇拝）に、中国から伝来した陰陽五行説や神仙思想、亀卜神事の要素が重なり合い、浦嶋子が釣り上げる五色亀となったのだろう。時期的には亀卜が日本で行われ始めた五世紀とも合致する。

浦嶋伝説のカメは霊亀であり、物語の主題は亀比売との神婚にある。五色亀に誘われた浦嶋子が出かけた蓬萊山は中国の渤海にあるという。丹後の浦嶋伝説ははるか中国東部へとつながっているのだろうか。そこではどんな世界が待っているのか――。

第三章　伝説の蓬莱山を求めて

中国にあった巨大宮殿

浦嶋伝説の背景が少しずつ見えてきた。すでに五世紀の丹後には巨大古墳を造営するほどの有力者が存在していた。海上交易によって繁栄を築き、鉄器やその製造にかかる先端技術を手にしていた。また古代中国から日本にもたらされた神仙思想に注目することで浦嶋伝説のカメの正体も輪郭を現し始めた。不老不死の仙人が暮らす蓬萊山は渤海に浮かび、巨大なカメによって支えられているとみなされた。浦嶋子が釣り上げたカメは蓬萊山の仙人である亀比売《かめひめ》だった。これらの追跡から中国との関係が背景に見えてくる。

渤海周辺の中国地図を眺め、気になる場所を見つけた。渤海に突き出た山東《さんとう》半島の煙台《えんたい》市にはその名も蓬萊という地区がある。

地名にはその土地の来歴を知るヒントが隠されている。土地で記憶に留めるべき最も重要なことが地名に残されることが少なくないからだ。

蓬萊地区の由来は前漢の武帝《ぶてい》が巡幸した紀元前二世紀に遡る。渤海沿岸は武帝に限らず、歴代の中国皇帝が訪れた神仙思想の中心地だった。

その成り立ちから、蓬萊山を架空の神界としながらも、実在する聖地が伝説にリアリティを与えていたと考えてみることはできるかもしれない。歴代皇帝が訪れるほどの現場には特別な何かがあったに違いない。もしかすると浦嶋伝説の蓬萊山さながらの宮殿があったのかもしれない――。そんな妄想が自分の好奇心に火をつけた。

最古の浦嶋伝説に記された蓬萊山の様子を改めて確かめてみる。『丹後国風土記』には以下のように書かれている。

海上の広く大きな島に着いた。地面は玉を敷きつめたように美しく、高い宮門は光と影を重ね合い、楼殿は鮮やかに照り輝き、いまだかつて見たことも聞いたこともないところであった。

『丹後国風土記』の原文では宮門のことを「闕台《うてな》」と書いている。闕台とは門の上に楼《ろう》観《かん》を設けた建築物をいう。昔話『浦島太郎』の絵本に描かれる龍宮門と同じものだ。

蓬萊山とその宮殿について三つのことがわかる。

・海上に浮かぶ島であった
・日をおおい隠すほどの闕台（龍宮門）

・煌《きら》びやかな楼殿

中国東部の渤海沿岸でそのような場所や古代建築物の遺跡が見つけられないだろうか。調べるうち『中国古代文化遺蹟』(簫師鈴主編)に想像を絶する巨大宮殿のことが書かれていた。遼寧省綏中《りょうねいしょうすいちゅう》にあった秦始皇碣石宮《しんしこうけっせききゅう》だ。

碣石とは海上に突き出す岩礁で、門のように聳え立っていたことから神仙思想の蓬萊山に通じる神門とみなされていた。碣石宮は始皇帝(紀元前二五九~紀元前二一〇)によってその近くに造営された離宮だ。遺跡が発掘され今も残されているという。

碣石宮の遺跡を訪ねて中国へ

碣石はどのような場所なのだろうか。浦嶋伝説とも結び付くのだろうか――。それを実際に現場へ行って確かめてみたい。とはいえ言葉や文化が異なる中国で思い通りの調査をするには現地を知る協力者が不可欠だ。わたしは知り合いから中国在住の日本人を紹介してもらった。

坂田政太郎さんは上海拠点の貿易会社を経営している。単身中国に渡り、地道に現地人と信頼関係を作り上げ、躍進する経済発展の中でビジネスを大きくしていった。東京で実際に会い、中国での調査について思いを語ると力を貸してもらえることになった。

二〇〇四年七月、一路、中国へ。坂田さんと合流し、彼の会社に勤める杜宝慶《トウホウケイ》さんを紹介された。北京生まれの彼は日系企業で長く働いていた経験から日本語が堪能で、碣石宮調査のサポート役を務めてくれるという。

わたしは杜さんとともに北京駅へ向かった。めざすは遼寧省綏中だ。渤海に臨むその小さな町までは北京から鉄道で五時間がかりの旅となる。

渤海の海域面積はおよそ七万八千平方キロメートルと広く、北海道の北にあるサハリン島がすっぽりとおさまってしまう。その西岸は中国大陸に接し、南から山東省、河北《かほく》省、天津《てんしん》市、遼寧省の三省一市が並ぶ。反対に東側は南北から杭のように突き出している山東半島と遼東《りょうとう》半島によって隣の黄海《こうかい》と隔てられている。

途中、万里長城にできた関門のひとつ山海関《さんかいかん》を通り抜けた。ひたすら代わり映えのしない田園風景の中を進み、流れる時間さえ風に溶けていくように感じられた。昼前に北京を出た列車が土埃の舞う古風な綏中駅の駅舎に降り立ったのは夕方だった。

まずは自転車の力車に揺られて宿泊先を探す。「中国では泊まろうと思えば、宿はどこにだってあるんです」と杜さんが言う。宿舎を見つけて中に入ってみると、他に宿泊客など誰もいないような静けさに、少し物寂しさを覚えた。

宮殿遺跡に出かけるのは翌日の予定だったが、いざここまでやって来るとはやる心を抑えきれない。すでに夕方の五時を回っていたが、太陽はまだとても高いところにある。

杜さんに相談すると、日暮れまではまだ時間があるという。

「遺跡がどこにあるのか、宿屋で聞いてみましょう」

杜さんはフロントの女性に尋ねた。ところが誰もわからない。紹介された旅行会社の人も遺跡のことなど知らないという。宮殿と言ったところでたかが知れたものではないか――。

埒《らち》が明かないとみた杜さんはわたしを外に誘った。

「こうなったらタクシーに乗って行っちゃいましょう」

場所もよくわからないのに、いきなりタクシーに乗るとは大胆を通り越して、無謀ではないか……。そう思ったが郷に入りては郷に従うことにする。

杜さんはタクシーを見つけ、運転手に宮殿遺跡の写真を示した。お互いのやりとりは次第に荒々しさを増し、ついにはつかみ合いの喧嘩が始まりそうな激しい口論に発展した。

何も事情がつかめないわたしは固唾《かたず》を飲んで事態を見つめるしかない。やがて杜さんは「話にならないから、他の車にしましょう」と踵《きびす》を返した。

すると次の瞬間、今まで杜さんと侃々諤々《かんかんがくがく》やりあっていた運転手が急ににこやかになり車の扉を開いた。

杜さんはすかさず逆戻りして、タクシーに乗り込んだ。走り出した車の中で杜さんは大騒ぎの理由が料金交渉だったと明かした。

「百元（当時の日本円で約千三百円）で十分だと言ったんです。でも運転手は二百元じゃなければイヤだと。目的地まではたった五十キロですよ。『別の運転手を探すんで、さよなら』と言ったら百で行くそうです」

「それはそうと、遺跡の場所はわかったのですか？」

「いや、それは運転手にもさっぱりだそうです」

「……」

「とにかく遺跡があるという集落に行ってみるしかありません」

こんな具合で大丈夫なのか。不安をよそに、再び車内では激しい口論が始まった。車は時速百キロ近いスピードが出ている。車がぐらりと揺れるたび、わたしの手に脂汗が滲んでくる。ここでつかみ合いだけは勘弁して欲しい。

しばらくすると運転手が陽気に笑い出した。どうやら舌戦の決着はついたようだ。杜さんはわたしに「たった今、運賃は二百元になりました」と悔しそうに言った。「道は一般道と高速道があるそうですが、高速で行きたいなら二百くれ、と言うんです。百は一般道の値段だと。まったく大した運ちゃんだ」

車は高速道路に入った。遼寧省の瀋陽《しんよう》と天津を結び、北京にまで通じている道を南へとひた走る。インターチェンジで降り、田舎の凸凹道に入った。道端を歩いている人に道を尋ねながら進み、とある門扉の前に到着した。脇に立つ石碑には「秦始皇碣石宮」と彫られている。めざしていた遺跡だが、鉄門扉は固く閉ざされ「参観謝絶」という立て札が掲げられていた。

その四文字を呆然と見つめるわたしに対し、杜さんは「行っちゃいましょう」と言うなり門に向かって果敢にジャンプした。彼は鉄柵のすきまに足や手をたくみにはさみ込んでスルスルとよじ登り、瞬く間に門を越えていく。そして「何をしてるんです、はやく！」と手招きをした。

わたしも見よう見まねで鉄門扉に向かってジャンプした。慣れないせいかガタガタと音を立て、それに気付いた管理人が怒鳴り声を上げながら駆け寄ってきた。わたしは高い門から飛び降り、どうにか無事に着地した。

杜さんの「逃げるぞ」という掛け声とともに、一目散で園内に駆け出した。彼はわたしとそのままどこかの繁みにでも身を潜めるつもりだったようだ。だが思いがけない風景を前にわたしの足が止まった。

広大な敷地には宮殿建築の基礎が横たわっている。きれいに区画された部屋や廊下の跡が残り、周囲にはおびただしい数の陶片が散らばっている。それらは崩れ落ちて粉々に砕けた屋根瓦のようだ。形から平瓦、丸瓦と判別できるものもあれば、渦巻き文様が彫り込まれた丸瓦も落ちている。またひときわ大きなU字型をしたものは水道管だろうか？　わたしはその一つ一つに、カメラを向け、シャッターを押し続けた。

遺跡前の砂浜には渤海の波が打ち寄せ、吹き渡ってくる潮風が頬に感じられる。ここに離宮を造った秦始皇帝も同じく海を望んだのだ。彼は紀元前二二一年に中国を統一後、国内各地の巡幸を始め、碣石にやって来たのは紀元前二一五年だった。

歴史家の司馬遷は『史記』に次のように書いている。

始皇三十二（前二一五）年始皇帝は碣石山にゆき、燕《えん》の盧《ろ》生《せい》に命じて仙人、羨《せん》門《もん》高《こう》を探させた。

神仙思想と蓬莱山

始皇帝はなぜ仙人を探し求めたのか。

『中国の神話・伝説』（伊藤清司著）などによれば古来、渤海の東方沖に仙界があると信じられていた。中でも蓬莱山、方丈山、瀛州《えいしゅう》山は三神山として名高く、巨大な十五匹のカメが島を背に載せ六万年ずつ、三交替で支えている。山頂にある高殿は黄金や銀、宝玉ででき、そこに棲む鳥獣虫魚はことごとく純白色をしている。奥深い山の中には珠玕《しゅかん》の木（玉の木）が生え、果実はことのほか甘く滋味に富んで食べると不老不死となる。それゆえ島に暮らしているのは老いを知らない仙人ばかりだ。そこにたどり着いて不老長寿の秘薬を手にすることが人々の憧れであった。

神仙思想のルーツは古代中国の戦国時代、つまり紀元前五～前三世紀頃にまで遡る。当時、渤海の北と南に領土を構えていた燕《えん》や斉《せい》といった国には、方士《ほうし》と呼ばれる神仙術師が数多く存在した。彼らは楽園である仙界が渤海にあると説いたことから、燕や斉の諸王は仙術に長《た》けた者を派遣し探させようとした。

昔から渤海やその沿岸では濃い霧が頻繁に発生する。そのため空と海の境目、時には陸地さえもが渾然《こんぜん》一体となり、周囲は神秘的な空気に包まれる。天気のいい日には蜃気楼も多発し、仙界の妖気が漂うという。

中国統一を果たした始皇帝は燕や斉の諸王が成し遂げられなかった「入海求仙《にゅうかいきゅうせん》」を悲願としていた。海の向こうの仙界へ行き不老長寿の秘薬を手に入れることだ。

始皇帝の下には仙術を身につけていた斉の徐芾《じょふつ》がいた。始皇帝が湖南《こなん》省衡山《こうざん》で飲み水に困った時、徐芾は玉製の如意《にょい》で地面を三回叩き、たちまち清水を湧き出させた。皇帝から絶大な信頼を寄せられた徐芾はその後、蓬莱山をはじめとする三神山への探検計画を始皇帝に持ちかけた。

『史記』の始皇二十八(前二一九)年に記録が残っている。

斉の徐芾らが書面を送ってきた。海中には蓬萊山、方丈山、瀛州山の三神山があり、仙人が住んでいる。斎戒《さいかい》してそれを探しに出かけたいとの徐芾の申し出に望み通り数千人の童子を伴わせて派遣し、海の向こうの仙人を探させた。

徐芾は戻ってくることはなかったが、彼がたどり着いたのは日本だったという説がある。数千人の童子を連れて海の向こうからやってきた徐福《じょふく》（徐芾）の伝説が九州、紀伊半島、富士山麓、八丈島、それに丹後半島の伊根町新井崎《にいざき》に残る。それは遠く、渤海と丹後が結び付いていたことを教えているかのようだ。

遼寧省文物考古研究所を訪ねる

秦始皇碣石宮にやって来たわたしはフェンスを飛び越えた後、どのくらいそこにいたのかもわからない。敷地の反対側にタクシー運転手の顔を見つけ我に返った。中空にあったはずの太陽はいつしか傾き、周囲にはうっすらと霧がかかり始めている。運転手はわれわれにここから出ればだいじょうぶだと合図した。正面ゲートでは管理人が手ぐすねを引いて待っているという。運転手は気を利かせて車を遺跡の裏に回し、迎えにきてくれたのだ。

茨の鉄線を注意深くくぐりぬけ、車内に戻って少しほっとする。

ところが杜さんが突然また思いがけないことを口にした。

「管理人のところに行ってみましょうか。遺跡について知っているはずですから」

確かに遺跡を目の前にした今、知りたいことは心の中にとめどなく湧き上がっている。とはいえ今ここで管理人に会いに行くのは、あまりにも大胆というか、無謀ではないか――。

わたしの心配をよそに車は走り出し、管理棟の前で停まった。

「遼寧省文物考古研究所」と看板が出ている。案の定、怒り心頭の管理人はすぐに出てきて、われわれに雷を落とそうとした。ところが車を降りるなり、杜さんはその老人に駆け寄り、固く握手を交わした。すかさずあれやこれやと話しかけ、相手に話し出させる隙さえ与えない。管理人の怒りをいとも簡単に鎮めてしまった。

そのうちどこかに行っていたタクシーが戻ってきた。杜さんが目で合図を送ると、運転手は買ってきたタバコを二箱、管理人に渡した。管理人は「そんなことをしてもらっては困る」と身を翻したが、運転手はタバコを強引に彼のポケットに突っ込んだ。すると管理人はわたしを遠方からの客人として歓迎してくれたのだ。

秦始皇碣石宮が発見されたのは一九八二年のこと。畑を耕していた農民が、土中に瓦がたくさん落ちていることに気づいたのが発端だった。調査の結果、遺跡は秦と漢の時代に建てられた離宮建築と判明した。最初のうち秦の始皇帝と関連付けて考える研究者はいなかったが、発掘作業が進むにつれ、予想外のものが出土した。

秦大瓦当《しんだいがとう》という宮殿の屋根瓦で、直径約五十センチメートルもの大きさがある。何よりの驚きは瓦に描かれた文様だった。兵馬俑《へいばよう》で知られる秦の始皇帝陵（陝西《せんせい》省）から出土した瓦の文様と同じ、一本足の鳳凰《ほうおう》のような幻獣の夔鳳《きほう》が描かれていた。天子に関わる図案であることから、碣石宮は秦の始皇帝が立ち寄った行宮《あんぐう》と判明した。

秦始皇碣石宮は発見から六年後の一九八八年に国家重点文物保護の指定を受け、発掘後の遺跡は保護され、現在でも調査が続けられているという。

わたしが訪れた時、研究者は遼寧省の省都、瀋陽に戻ってしまっていた。管理人は連絡先を書いたメモとともに、近くの黒山頭にも遺跡があるから訪ねてみるといいと教えてくれた。

もうひとつの宮殿、黒山頭遺跡

碣石宮の調査が進むにつれ、周囲にも似たような遺跡が多数残されていることが判明した。「秦始皇帝長城伝説とその舞台——秦碣石宮と孟姜女伝説をつなぐもの——」（鶴間和幸著）によれば、東は遼寧省綏中県止錨湾《しびょうわん》から西は河北省北戴河《ほくたいが》の金山嘴《きんざんし》まで合計十七カ所の建築遺跡が発見された。

止錨湾と金山嘴を結ぶ直線距離三十八キロメートルの範囲に「秦漢建築群趾」と呼ばれる壮大な宮殿群が並んでいたのだ。

すでに薄暗くなりかけていたが、宮殿遺跡のひとつ黒山頭をめざしてみる。そこには海軍基地があり参観謝絶どころか、立入厳禁の地区だった。門前には衛兵が仁王立ちしている。

二の足を踏むわたしを残し、杜さんは衛兵に歩み寄り気さくに話しかけた。そして「入場はできないが裏側に回って見ることだったらよろしい」と許可を取り付けてくれた。『漢書』には前漢の武帝が元封《げんぽう》元(前一一〇)年に碣石へ足を運んだという記録があり、黒山頭遺跡は武帝がその時に建てた多層階建築の離宮とみられている。すでに発掘は終わり、被せた土の上には下草が生え始めていた。

蟻地獄のように滑る砂の急坂を這い上がり、絶壁の上から見下ろした。遺跡の敷地は海軍施設の塀に隠れて見えない。だが楼閣が建てられていたのは海に突き出した高台であり、さながら海上宮殿のような存在だったことが実感できた。

計らずもその沖合には、左右に屹立《きつりつ》した二つの岩が見える。龍門と呼ばれ、伝説の碣石を思わせる。日は暮れかけ、霧はますます濃さを深めた。霞に沈んでいく龍門はまさに仙界へのゲートウェイだ。

渤海沿岸に海上宮殿群があった!?

帰国後、中国の杜さんから小包が届いた。中には彼が遼寧省文物考古研究所から入手した碣石宮の発掘調査報告書が入っていた。

離宮群は万里の長城の起点に当たる山海関を中心に点在している。現地を地質学と歴史資料の両面から検証した『秦皇島湾史』（李鵬著）によれば、秦漢建築群趾の遺跡は金山嘴、秦皇島角《しんのうとうかく》、止錨湾の三カ所に集中し、渤海沿岸に一列に並んでいる。秦の時代には海岸線がもっと内陸に入り込んでいたため離宮は島の上にあったという。

つまり秦漢建築群趾は渤海上に浮ぶ仙界の島を再現したかのような海上宮殿だったのだ！　中でも最大規模の秦始皇碣石宮は正式な名称を石碑地遺跡といい、場所は止錨湾にある。宮殿の大きさは南北五百メートル、東西三百メートルで、面積は十五万平方メートルというから東京の日比谷公園ほどの巨大な宮殿だった。

宮殿は堅牢な城壁に守られ、北、西、南に城門が築かれていた。規模の大きさから南門が正門だったようだ。漢代に修復された西門は痕跡がきれいに保たれ、門には左右対称に張り出した基壇《きだん》がある。その上に楼閣が置かれていたのだろう。

それは『丹後国風土記』に記された闕台、つまり龍宮門の原型ともいえる建物だ。秦始皇碣石宮には闕台（龍宮門）と同じ宮門があったようだ。

宮殿は縦長で、南側に建築物が集中している。渤海の波が打ち寄せ、遠く水平線を望むための場所だったようだ。兵馬俑がある始皇帝陵墓と同じ、大型の夔《き》鳳文瓦当《ほうもんがとう》が八枚見つかったのもそこだ。

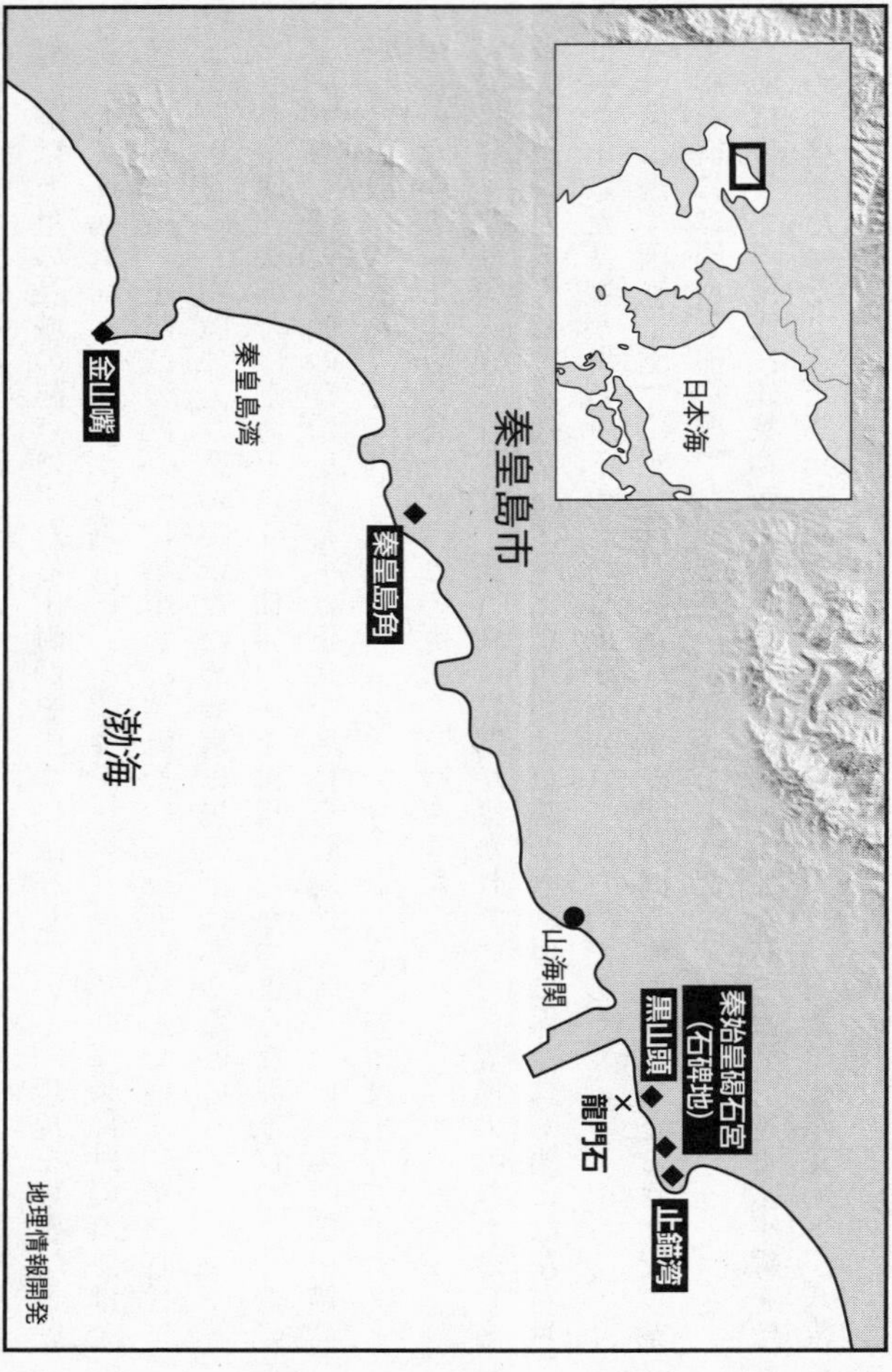

秦皇島市
金山嘴
秦皇島湾
秦皇島角
渤海
山海関
秦始皇碣石宮
（石碑地）
黒山頭
龍門石
止錨湾
日本海
地理情報開発

また階段に使われた空心磚《くうしんせん》が見つかったことから、秦始皇碣石宮が多層階建築だったことも判明した。『丹後国風土記』に「高い宮門は光と影を重ね合い」と記された蓬莱山の様子を彷彿《ほうふつ》とさせる。

約十メートル四方の部屋の内側には五本の柱が立ち、ぐるりと回廊が通されていた。内部に設けられた井戸や水槽、各部屋に通じる排水管の構造から秦始皇碣石宮では水が自由に使えたようだ。出土した湯槽から、風呂にのんびりとつかることもできたこともわかる。

建物の構造が知られる半面、食生活の実態を示す出土品はあまり発見されなかった。日常的な生活の場ではなかった離宮という性格上やむを得ないだろう。

そこで同時代の他の遺跡を参考にしながら、当時の離宮生活がどのようなものだったのかを推測してみる。

東洋史学者の狩野直禎氏は「発掘された副葬品から時代を知る　王侯貴族の生活ぶり」の中で、湖南省長沙《ちょうさ》にある馬王堆《まおうたい》と呼ばれる貴族の墓と、河北省満城《まんじょう》県で見つかった前漢景帝《けいてい》の皇子夫婦の墓の出土品から紀元前二世紀頃の王侯貴族の生活を検証している。

馬王堆からは生きているかのような婦人の遺骸が発見され、副葬品も保存状態はきわめてよかった。

竹行李《こうり》の中には、稲、うるち、もち米、粟、黍《きび》、豆、麻、瓜、たけのこ、蓮、芋、みょうが、ねぎ、なつめ、梨、梅、やまもも。肉類は牛、馬、羊、犬、豚、鹿、うさぎ、雉《きじ》、雁、野鴨、鶴、うずら、にわとり、すずめ。魚はフナ、コイ、大ナマズなど。薬草としてはシナモン、サンショウ、コブシ。酒は白酒、米酒、清酒が見つかった。

それらの分析から調理方法も解明された。糖、はちみつ、ひしお、塩、はまなっとう、こうじなどを使って、吸い物、炙りもの、膾《なます》、湯通し、炒りもの、蒸しもの、煮もの、干し肉料理、漬物など多彩だった。

さらに、瑟《しつ》と呼ばれる二十五弦の琴、管楽器である竽《う》などの楽器、絹や麻などの反物や単衣《ひとえ》などの衣服類に加え、奩《れん》という櫛笥《くしげ》も見つかった。様々な化粧道具に混じってタイマイのべっ甲で作ったかんざしも入っていた。浦嶋子がもらった玉匣の原型ともいえるその化粧箱は二段重ねで九個の小箱が中に収められていたという。

また満城の遺跡からは銅製やガラス製の耳杯《じはい》などの容器が見つかり、鍾《しょう》（酒壺）には碑文が刻まれていた。

心が美しいものは集まって飲食しよう
賑やかで料理もうまい
美食がちまたにあふれ、人々はますます肥え
長命にして病もまぬがれ、万年使っても余裕がある

王侯貴族の生活を彩っていたこれらは、同時代の秦始皇碣石宮でも普通に見られたものであったはずだ。日本は当時まだ弥生時代の真っ只中だ。

秦始皇碣石宮はすでに廃墟と化してしまったが、宮殿の絢爛《けんらん》さは瓦の文様から偲ぶことができる。菱角紋《ひしかくもん》や巻雲紋《けんうんもん》が描かれた瓦に交じり言葉が刻まれた瓦当もあった。

千秋万歳

不老不死を謳歌する祝言だ。

秦始皇碣石宮は当時の人々にとって不老不死の楽園、蓬莱山の宮殿を再現したものだったことを裏付けている。

秦始皇碣石宮を『丹後国風土記』に記された蓬莱山や宮殿と比較検証してみる。

・秦始皇碣石宮は当時の海岸線が内陸にあったことから、海上に浮かぶ島であった

・秦始皇碣石宮の西門では闕台（龍宮門）を思わせる基壇が見つかった

・発掘された空心磚は階段の一部と見られ、秦始皇碣石宮には楼殿がそびえていた

秦始皇碣石宮は浦嶋伝説が描き出す蓬萊山の世界そのものだ。その圧倒的な存在感はわたしの想像力を刺激した。

浦嶋子が出かけた蓬萊山とは単なる空想上の土地だったのか。ひょっとすると実在した浦嶋子が神仙思想の中心地、渤海沿岸を訪れ、秦始皇碣石宮などの離宮を訪ねたことから伝説が生まれたのかもしれない――。

浦嶋子は碣石を訪ねたのか

とはいえ問題は残る。秦始皇碣石宮は紀元前三世紀に遡り、わたしが訪れたもうひとつの黒山頭遺跡は紀元前二世紀の宮殿だ。十七もの遺跡が並ぶ秦漢建築群趾はいずれも秦から前漢時代の建築物だったようだ。どちらも浦嶋子の五世紀とは時代が異なる。

ただし碣石を聖地として巡幸したのは秦漢時代の皇帝だけではなかった。

「秦帝国の形成と東方世界――始皇帝の東方巡狩経路の調査をふまえて――」(鶴間和幸著)などによれば、『三国志』でおなじみの魏の曹操《そうそう》(二〇七年頃)、北魏の文成帝《ぶんせいてい》(四五八年)、北斉《ほくせい》の文宣帝《ぶんせんてい》(五五三年)、そして唐の太宗《たいそう》・李世民《りせいみん》(六四五年)は行幸に出ると、こぞって碣石を訪れた。

特に北魏の文成帝(四四〇~四六五)が碣石に出かけた四五八年は、浦嶋子の蓬萊山行きからわずか二十年しか離れていない。浦嶋子は文成帝の北魏を訪れたのではないか?

そんな疑問と期待が胸に立ち上がる。

詳しく調べてみると碣石の位置は時代の流れの中で曖昧になっている。『魏書《ぎしょ》』には北魏文成帝が「碣石山に登り滄海を観る」と書かれている。

本来、海上にそびえる岩礁であったはずの碣石は、いつの間にか内陸に移され、河北省秦皇島市の碣石山と伝えられるようになった。始皇帝の碣石が渤海沿岸にあったと考える人はいなくなってしまったのだ。

四七八年当時、碣石といえば山のことであり、浦嶋伝説に登場する渤海の蓬萊山やウミガメとは直接的な関係はなさそうだ。

では浦嶋子が四七八年に蓬萊山に行ったと書く『日本書紀』の一文をどのように捉えたらいいのだろうか。

四七八年中国に渡った天皇の使者

核心的と思える記録が中国の古文書に残されていた。四八八年に完成した『宋書《そうじょ》（倭《わ》国伝《こくでん》）』には日本の動向が次のように記されている。

順帝の昇明二（四七八）年、使を遣わして表を上る四七八年、日本から中国に向けて使節が派遣された。当時の天皇は雄略天皇だ。中国で武と呼ばれた雄略（大泊瀬幼武《おおはつせのわかたけ》）天皇が倭国から使者を送り、手紙を届けてきたという。親書を携えた倭の使節団が中国に行き着いたのが四七八年というから、浦嶋子が蓬萊山へ出かけたまさにその年に当たる。

四七八年の使節はどのようなルートをたどって宋へ行ったのか？『古代日本の軍事航海史〈中巻〉』（松枝正根著）によれば、古墳時代の航海術は弥生時代と変わらずに陸地から離れず船を進める沿岸航法であった。異国への航海者は北九州から玄界灘を渡って対馬を経由し朝鮮半島に渡った。中国へ行く場合は遼東半島から山東半島に渡った。

ただし雄略天皇が中国に送った使節は四七八年に渤海に入り込むことは不可能だったようだ。当時、中国は魏《ぎ》晋《しん》南北朝時代を迎え、南北二つの国に分裂し、雄略天皇が親書を送った南朝の宋は北魏と対立関係にあったからだ。

そのため日本を出た船は朝鮮半島南部の百済《くだら》領を経由して、黄海に突き出た泰安《たいあん》半島あたりから一気に西へ進んでいったに違いない。彼らは南下して宋の首都がある長江沿いの建康《けんこう》（現在の南京）をめざした。

いずれにせよ『日本書紀』に書かれた浦嶋子蓬萊山行きとは、同じ年に雄略天皇の親書を携えて中国に渡った使節のことだったのかもしれない。とはいえ彼らが出かけた南朝の宋は蓬萊山があったとされる渤海からは遠く離れている。雄略天皇の使節団に浦嶋子のモデルがいたとは考えにくい。

四七八年と浦嶋伝説の関係を探る

では雄略天皇の使節と浦嶋伝説を結ぶ接点はどこにあるのか。

「中国の民間伝承と日本」（君島久子著）を参考にすると、中国の『捜神記《そうしんき》』に浦嶋伝説と似たような神界訪問譚が収められているという。

ある男が湖のほとりで河伯《かはく》と呼ばれる水神の使いと会う。水神の娘の婿に、と望まれるまま宮殿での結婚式にのぞむ。ところが結婚式は三日で中断され、男は故郷に帰ることになった。別れを悲しんだ娘は金の小鉢と麝香《じゃこう》袋、銭十万貫と薬の処方を記した巻物をわたした。帰郷後、男は道士（仙人）になった。

『捜神記』には神仙や超自然現象に関する記録が網羅され、著者である東晋《とうしん》の歴史家、干宝《かんぽう》は四世紀前半の人だ。

また同じ頃に王嘉《おうか》がまとめた『拾遺記《しゅういき》』には、湖南省にある洞庭湖《どうていこ》の伝説が採録されている。

洞庭山に薬草を取りに出かけた男が洞窟に迷い込むと、楽園に通じていて、男はそこで時の経つのも忘れ楽しい日々を過ごした。やがて故郷が懐かしくなり、別れを惜しみながら帰ってみると、三百年が経っていた。

四世紀に記録されたこれらの話は、浦嶋伝説との類似性を思わせる。論考の中で君島氏は、浙江《せっこう》省から内陸の洞庭湖までの長江で結ばれた一帯が浦嶋伝説に通じる神界訪問譚の淵源《えんげん》であるとしている。

雄略天皇の使者がたどり着いた宋の首都、建康は長江沿いに位置し、四世紀にはすでに神界訪問譚が語られていた。日本からの使者がそれらの話を耳にしたことは十分考えられる。あるいは彼らの帰国に合わせて日本に渡ってきた渡来人がいたかもしれない。『丹後国風土記』『日本書紀』に記された、丹後を舞台とする浦嶋伝説は不老不死をもたらす蓬萊山への憧れを背景に持つ。中国では早くも前三世紀に蓬萊山を連想させる海上宮殿が渤海沿岸に造られていた。そのリアリティが中国で神界訪問譚として醸成され、四七八年頃、日本に伝わって独自の海神宮訪問譚となり浦嶋伝説の基盤になったのではないか。

わたしは実在した浦嶋子が四七八年に中国へと出かけたのではないかという仮定のも

と、証拠を探し求めたが見当違いだったようだ。それは日本から中国へ使節が送られた年であり、浦嶋伝説が誕生した時代とも重なってくる。

だが、浦嶋子が実在した可能性が消えたわけではない。現に浦嶋子は日下部首の祖先とされている。大陸とつながる海上交易をしていた古代丹後の地方豪族の中にその人物がいたとみることは依然として可能だ。

浦嶋伝説七不思議のうち四つが明らかとなった。

1　「昔々」とは雄略二十二（四七八）年
2　「あるところ」とは丹後国、与謝郡、日置里、筒川
3　五色の大亀とされる浦嶋伝説のウミガメは蓬莱山を象徴する霊亀
4　蓬莱山は架空の神界だが、古代中国に存在した秦始皇碣石宮などの海上宮殿群が伝説に現実味を加えた

このうち1の四七八年については『日本書紀』に「浦嶋子が蓬莱山に行った」と書かれているものの、実際には雄略天皇の使者が中国を訪れた年だった。『日本書紀』の筆者はなぜ事実を伝説にすり替えたのか？　浦嶋伝説にはまだ解けない

秘密が隠されている。

最古の浦嶋伝説には『日本書紀』『丹後国風土記』とは異なる、もう一つの物語がある。玉手箱を開いて老人になる『万葉集』の話だ。

七不思議の第五にあげた玉手箱と老人の問題を解かない限り、浦嶋伝説の全貌は見えてこない。

第四章　なぜ老人になったのか

『万葉集』に詠まれた浦嶋伝説

もうひとつの浦嶋伝説は『万葉集』に収められている。
その長歌はこう詠い始める。

春の日の　霞める時に　住吉《すみのえ》の　岸に出でゐて　釣船の　とをらふ見れば　古《いにしえ》の事ぞ思ほゆる

和歌の作者、高橋虫麻呂《たかはしのむしまろ》(生没年不詳)が、ぼんやりと霞んだ春の日に住吉の岸に出てみると、釣船が見えた。そこでふと昔のことに思いをはせる。歌はそのまま、浦嶋の物語を詠じていく。

水江の浦嶋子が、かつおや鯛を釣って夢中になった。七日経っても家に帰らず、遥か彼方にあるわたつみの国との境まで漕いでいくと、わたつみの神の乙女と行き逢い、言葉をかけ合い気持ちが通じたので、行く末を契って常世の国にたどり着いた。

わたつみの宮殿の奥の奥にある神々しい御殿に、手を取り合って二人きりで入り、年をとることも死ぬこともなく生きていられたというのに、この世の愚か人、浦嶋子は乙女にこう打ち明けた。「ほんのしばらく家に帰って両親に事情を話し、明日にでもまたここに戻ってきたい」。乙女は「常世の国に帰りたいと思うのでしたら、この櫛笥《くしげ》を決して開けないでください」と言った。堅く約束をして浦嶋子は住吉に帰ってきた。だが家を探しても見つからず、里の様子も異なっているので怪しんだ。「家を出てからたった三年の間に、垣根ばかりか家までもが消え失せるなどということがあるものか。この櫛笥を開けてみれば、きっと元通りの家が現れるに違いない」。彼はそう思い、おそるおそる開けた。その途端、白い雲が中から立ち上って常世の国の方へとたなびいていった。浦嶋子は飛び上がり、わめき散らして袖を振り、ころげ回っては地団駄を踏み続けるうち、にわかに気を失ってしまった。若々しかった肌はしわだらけ、黒かった髪も真っ白になり、息も絶え絶えの様子でついに死んでしまったという。その水江の浦嶋子の家のあった跡がそこに見える。

反歌

常世べに住むべきものを剣大刀《つるぎたち》汝《な》が心から鈍《おそ》やこの君

（常世の国に住んでいられたものを、なんと浅はかな人だろう）

『万葉集』の伝説も実らぬ恋の物語だ。主題は『日本書紀』や『丹後国風土記』と変わらないが、丹後を舞台とする伝説とはディテールがまるで違う。『万葉集』の伝説では舞台が大阪の住吉であり、カメは登場せず、恋に落ちた神女とわたつみの神の宮へと出かけていく。何より結末では老人となって死んでしまう。

相違点の大きさから『万葉集』の話はカメや蓬萊山が登場する神仙思想を背景に持つ『日本書紀』『丹後国風土記』とは全く別物とみるべきだろう。

『万葉集』がいつ頃完成したのか詳しいことははっきりしない。収録される歌のうち年代順の最後が天平宝字《てんぴょうほうじ》三（七五九）年のものであることから、それ以後とみられる。

古典に登場する三つの浦嶋伝説を時系列で整理するなら、七一三〜七一五年頃の『丹後国風土記』、七二〇年の『日本書紀』、七五九年以後の『万葉集』と続く。とはいえそれは記録された年代であって、物語そのものの古さとは言い切れない。

三つの伝説は八世紀の奈良時代、ほぼ同時代に記録されたものと捉えておく方が無難だろう。

するとなおさら話の食い違いに意味が潜んでいることは明白だ。

最古の浦嶋伝説は舞台の違いから丹後系、大阪系の二系統に分かれている。

五色亀や蓬莱山などのキーワードから丹後系の浦嶋伝説は中国伝来の陰陽五行説や神仙思想を背景とする。浦嶋子を地方豪族である日下部首の祖先と位置付けている点を加味すると、海上交易などにより大陸の文物に親しんだ有力者とみなすことができそうだ。

丹後系の伝説をモチーフから読み解いてきたように、大阪系の伝説も『万葉集』に詠まれた「住吉」「わたつみの宮」、玉手箱を開けて「老人」になる意味を探っていけば伝説の意図を明確化でき、丹後系との比較が可能となる。

舞台とされる「住吉」は「すみのえ」「すみよし」と呼ばれ、一般に大阪市住吉区周辺をさす。ただし丹後にも同じ地名があったとする解釈もある。

高橋虫麻呂は『万葉集』に合計三十四首の長・短歌が収められる奈良時代の歌人だ。常陸国《ひたちのくに》（茨城県）に赴任し『常陸国風土記』の編纂にも関わったようだ。彼の歌の中には東国以外に現在の大阪府に当たる難波、摂津、河内に関するものがある一方、丹波や丹後を舞台にしたものはない。その点から舞台は大阪の住吉とみなすべきだろう。

浦嶋子の足跡を求めて大阪へ

虫麻呂が臨んだ住吉とはどのような場所だったのか。二〇〇三年三月、わたしは大阪へ行き、地下鉄中央線で大阪港へと向かった。コンクリートの埠頭のあいだを巨大な貨物船が行き来していて、和歌が詠まれた時代の面影はほとんど残されていない。

大阪市住吉区で浦嶋子を神として祀る神社や地名、伝承地を探ってみたが関係するものは見つからなかった。大阪府全体を見回してみても江戸期の話はあるが八世紀の『万葉集』に遡るものは存在しない。

伝説は、その多くが土地に根ざしている。説話に対応するように神社仏閣、地名、岩や木といった自然物と結び付いていることが多い。丹後では伝説にちなむものがいくつも残されていたが、大阪で何も見つからないとすれば厄介だ。土地に痕跡が残されていない伝説は、単なるお話にすぎないからだ。

そこで視点を変えてみる。浦嶋子が住吉の海からわたつみの宮に出かけたというのであれば、大阪湾の外に広がる瀬戸内海に手がかりがあるかもしれない。伝承地を探してみると幸いにもいくつか存在している。各地の説話は奈良時代に遡れるほど古いものではないが、それぞれの土地には何らかの痕跡が残されているようだ。

大阪での空白を埋める手がかりを期待して、わたしは瀬戸内海へと向かった。

瀬戸内海の伝承地

四国、香川県の高松市から西へ。国道一一号を坂出《さかいで》、丸亀《まるがめ》、多度津《たどつ》と越えて三豊《みとよ》市の詫間町《たくまちょう》にたどり着いた。詫間町は東西を瀬戸内のゆるやかな瀬に洗われる三崎半島にあり、そこに浦嶋伝説が伝わる。

浦島太郎が誕生したとされる生里《なまり》には雨乞いの神として地元の信仰を集めてきた三崎神社があった。

そこで「住吉」「わたつみの宮」「老人」という大阪系伝説三つのキーワードを探してみると、三崎神社の境外摂社《けいがいせっしゃ》に住吉神社が鎮座していると気付いた。雨乞いをした地元の人は浦島にも願いを託したのかもしれない。

他に住吉神社を探してみると、玉手箱を開けた場所とされる箱地区にも住吉宮がある。大字《おおあざ》詫間の蟻の首集落にある住吉神社はかつて船持ちだけで奉仕されていたとされ、詫間の海を拠点とした船乗りの営みを認めることができる。

『詫間町誌』を見ると古くから製塩業が盛んで、詫間塩田として正式に開発されたのは元禄《げんろく》(一六八八～一七〇四)年間だが、すでに弥生時代から小型土器を使った製塩の痕跡が見つかっている。

標高三百五十二メートルの紫雲出山《しうんでやま》も浦嶋伝承地のひとつで、玉手箱から紫の雲がたなびいたことが地名の由来とされる。山頂付近の古代集落遺跡では南海に棲息するゴホウラ貝の腕輪が見つかった。

ゴホウラ貝は沖縄で採集加工後、九州各地を経て日本海や瀬戸内海へと運ばれた。地図上で出土地点をつないでみると、日本の沿岸を結ぶ線が現れる。考古学者はそれを「貝の道」と呼ぶ。希少なゴホウラ貝を手にできたのは海上交易を主導した地方豪族などごく一部の人に限られた。

香川県の浦嶋伝承地には、製塩を行い、九州・沖縄とを船で行き来した人たちの影が映し出されている。海に生きる彼らが心の拠り所としたのは住吉神社だった。

香川県の三崎半島から瀬戸内海を渡ったところにある広島県尾道《おのみち》市にも浦嶋伝説が伝わる。『新修尾道市史 第四巻』によれば、尾道市の向島にはかつて大規模な富浜《とみはま》塩田が広がっていた。東側の浦崎には住吉神社が鎮座している。

大阪から瀬戸内海に視野を広げてみると、浦嶋伝説は住吉神社に寄り添うように存在する。大阪系浦嶋伝説のキーワードである住吉とは地名ではなく、住吉信仰のことだったのではないか——。住吉信仰の中心地は大阪の住吉にある住吉大社だ。

住吉大社の神々

わたしは大阪に戻り、南海線に乗って住吉大社前で降りた。

ひときわ大きな鳥居をくぐって境内を歩くと、いくつもの船絵馬が目に入り、社務所には大漁旗が置かれていた。それらを見ながら第三本宮から第一本宮へと進む。やがて本宮の切り妻屋根に置かれた鰹木《かつおぎ》と天に伸びる千木《ちぎ》が見えてきた。

摂津国一宮《いちのみや》とされる住吉大社は古来、海路平安の神として信仰を集め、遣唐使たちも出発前に祈願にやって来た。彼らが活躍した時期は浦嶋伝説が『万葉集』に記録された頃と重なる。

住吉大社では四柱の祭神が四つの本宮で祀られていた。

底筒男命（ソコツツノオノミコト）

中筒男命（ナカツツノオノミコト）

表筒男命（ウワツツノオノミコト）と

神功皇后《じんぐうこうごう》としても知られる息長足姫命（オキナガタラシヒメノミコト）

名前に筒がついた神々は住吉三神と呼ばれ、神功皇后の新羅《しらぎ》出兵に神助《しんじょ》を発揮した。浦嶋子の影は見られない。だが境内にある二つの摂社に思わぬものが隠されていた。四つの本宮の北側に鎮座する大海《だいかい》神社には豊玉姫命《とよたまひめのみこと》が祀られている。豊玉姫は日本神話の中でわたつみの宮の神女とされる。また隣接する志賀《しが》神社にはわたつみ三神が祀られていた。

住吉大社には三つのキーワードのうち「住吉」「わたつみ」の二つが揃っている。ならば残る「老人」についてもどこかに潜んでいるのではないか——。

住吉大社には老人神の言い伝えがあるという。『住吉大社神代記《じんだいき》』（『住吉大社神代記の研究　田中卓著作集7』所収）には「大神、天皇に誨《おし》へ賜ひて、塩筒老人に登りて国見せしめ賜し」と記されている。塩筒老翁《しおつつのおじ》（塩土老翁とも）と呼ばれる老人神が住吉三神の代わりに国見をしたとされ、住吉三神の使者ないし成り変わりとみなされている。

やはり住吉大社には大阪系浦嶋伝説の三要素「住吉」「わたつみ」「老人」が揃っていたのだ。すると浦嶋子の影が住吉大社に見られないのは不審だ。浦嶋伝説が住吉大社の中で形を変えて存在しているのかもしれない。

『万葉集』を読む限り、住吉は浦嶋子が暮らす場所であり、わたつみの宮は異界、老人は禁を破った罰の象徴であった。だが住吉大社に潜む三要素はいずれもが神なのだ。トリックはそこにあった。住吉神、わたつみ神、塩筒老翁の正体を探れば、浦嶋伝説との接合部が見つけられるに違いない。

住吉神とわたつみ神のルーツ

住吉神とは何か。三神の名前にはどれも「筒」がついていたが、つつとは何か。津（港）を司《つかさど》る長神、航海の道しるべとなった星という説、対馬の豆酘《つつ》とのゆかり。あるいは船の帆柱を立てる底穴を筒穴といい、その下の船底に船霊を安置することから筒穴が信仰の対象となったという説などが知られる。由来は様々だが、いずれも航海と関係がある。

塩筒老翁にも筒がつく。塩を潮とみなし「潮つ霊」や「潮つ路」のように潮流を司る航海神とされる。

一方、わたつみを語源から探ると古語で海のことを「わた」と言い、「み」は神霊を意味した。つまり、わたつみとは海の神である。そしてわたつみにも三神あり、わたつみの宮は海坂《うなさか》の遥か先にあって大綿津見神《おおわたつみのかみ》が暮らす理想郷をさす。

ここで明らかなように、いずれの神も海と深く関わっている。

『日本書紀』（神代上第五段）によれば、住吉三神とわたつみ三神は同じ場所でほぼ同時に誕生した。国産み神であるイザナギは筑紫《つくし》の日向《ひむか》の小戸《おど》の橘《たちばな》の檍原《あわぎはら》で禊《みそ》ぎ祓《はら》いをしようと水に入った。その時、六神が生まれ出る。

水の底の方ですすぐとソコツワタツミとソコツツノヲ
水の中ほどあたりではナカツワタツミとナカツツノヲ
さらに水面あたりでウハツワタツミとウハツツノヲ

『国史大辞典』をみるとわたつみ三神を祖神とした古代の豪族の安曇《あずみ》氏の発祥地は筑前国糟屋郡《かすやぐん》安曇郷と考えられ、それは現在の福岡県糟屋郡新宮町《しんぐうまち》に当たる。また塩筒老翁は南九州を舞台とする日本神話に登場する。

住吉三神、わたつみ三神、塩筒老翁は大阪の住吉大社に祀られる神々ではあるが、九州が揺籃《ようらん》の地なのだ。

大阪系浦嶋伝説のルーツを九州で見つけられるだろうか。二〇〇三年六月、わたしは福岡へ飛んだ。

福岡空港の北約十四キロメートルに位置する新宮町は玄界灘に臨んでいる。玄界灘は福岡県宗像《むなかた》市から佐賀県松浦半島までの九州北部沿岸に接し、その沖合は長崎県の壱岐、対馬までの範囲をさす。対馬の先には朝鮮半島と中国大陸が横たわる。日本と海外を結んだ海上航路の交差点だ。

住吉やわたつみなどをキーワードにして近隣を調べてみる。博多市には筑前国一宮住吉神社、福岡市には綿津見神社やわたつみ三神を祭神とする志賀海《しかのうみ》神社がある。特に志賀海神社が建つ志賀島《しかのしま》は「漢委奴国王」の金印が見つかり、古来、大陸と海上交易で栄えた地だ。

四七八年に中国へ向かった雄略天皇の使節も玄界灘から対馬に渡り、朝鮮半島を経て宋の首都建康に至ったと考えられ、志賀島周辺から出港した可能性は高い。

だが北九州で住吉やわたつみを探っても、浦嶋子は影も形もない。古伝や地名などのように土地に根付き、代々伝承されてきたものは何も存在しない。その状況は大阪と同じだ。

大阪では浦嶋伝説の「住吉」「わたつみ」「老人」は全て神であった。同じように九州にもその三要素が反映されたものがどこかに存在しているのではないか。

わたしが注目したのは南九州を舞台とする海幸山幸《うみさちやまさち》伝説だ。

海幸山幸伝説

二人の兄弟がいた。兄のホノスソリノミコト（火闌降命）には海に出て魚を取る海の幸がそなわり、弟のヒコホホデミノミコト（彦火火出見尊）には山に行って鳥獣を射る山の幸がそなわっていた。

ある日、二人はそれぞれの道具を取り換えてみたが、一向に獲物がかからなかった。兄は弓矢を弟に返し、自分の釣り針を渡すようにと言った。ところが弟は兄の釣り針を失くしてしまった。そこで彼は新しい針を作ったが、兄は受け取ろうとせず、元の自分のものを返せと言い張った。弟は自分の太刀を潰して報いようとした。新しい針を鍛え、箕《み》の中に山盛りにして与えたが、それでも兄は怒って「元の針でなければ受け取らない」と強く責め立てた。もはやどうすることもできない弟のヒコホホデミノミコトは海辺で呻吟《しんぎん》していた。

そこに潮路《しおじ》の神である塩筒老翁がやってきた。事の一部始終を聞いた塩筒老翁は「わたしめがはかりごとを立てて差し上げましょう」と言った。

塩筒老翁は竹を細かい目に編んだ無目籠《まなしかたま》を作り、ヒコホホデミノミコトをその中に入れて海に沈めた。するといつの間にか眺めのよい浜辺に出て、わたつみの宮にたどり着いた。

その宮殿には高垣姫垣《たかがきひめがき》が整い、高楼小殿が照り輝いていた。その門の前に泉があり、ほとりでは桂の樹が枝葉を茂らせている。ヒコホホデミノミコトが木の下にいると乙女が泉の水を汲みにやって来た。彼を一目見た彼女は宮殿の中へ走り帰り、両親に「立派なお客さまがいらっしゃいました」と言った。

それを聞いた父であるわたつみは敷物を八重に敷き重ねてヒコホホデミノミコトを迎え入れた。彼がわたつみの宮に来たわけを伝えると、わたつみは魚という魚を呼び集め、失くした釣り針を知っているものがいないかと尋ねた。鯛のアカメが病気で出てこないことを知ったわたつみはアカメを呼び寄せ、口の中に針が刺さっているのを見つけた。

ヒコホホデミノミコトはわたつみの娘、トヨタマヒメ（豊玉姫）を妻とし、海の底の宮殿に滞在して三年が経った。ここでの暮らしが楽しいには違いなかったが、故郷への思いを抑えることができず深いため息を漏らした。トヨタマヒメからそのことを聞いたわたつみは、ヒコホホデミノミコトを呼び寄せ、「故郷までわたしがお送りしましょう」と話しかけた。

そして鯛の口から見つけ出した釣り針を手渡し、次のように教えた。

「この針をお兄さんに返す時には『貧針《まじち》』と呼んで、兄の幸を奪い取り、その上でお渡しなさい」

また潮満瓊《しおみつたま》と潮涸瓊《しおひるたま》との二つの玉を渡し、「潮満瓊を海の水にひたせば潮が満ちてきます。お兄さんが抵抗したらこれで溺らせてしまいなさい。もし哀れみを乞うなら、潮涸瓊を水につけて潮を引かせ、助けてやりなさい。お兄さんもあなたに従うようになるでしょう」

いよいよ故郷に帰るとき、トヨタマヒメは「わたしはすでに身ごもっています。どうぞ産屋を建ててください」と頼んだ。

ヒコホホデミノミコトは故郷に帰ると、わたつみの教えた通りにした。兄のホノスソリノミコトはさんざんに懲らしめられて哀れみを乞うた。「この後は俳優《わざおき》の身分となり、いろいろな所作を演じて尽くします。どうか命だけは助けてください」

ヒコホホデミノミコトは兄を赦してやった。ホノスソリノミコトは、吾田《あた》の君《きみ》小《お》橋《ばし》などの祖先である。

海幸山幸伝説は主人公が住吉大社に祀られる塩筒老翁によってわたつみの宮に導かれ、神女と結ばれて三年後に帰国するストーリーだ。カメの代わりに鯛がトリックスターの役割を果たすが、『万葉集』にも「鯛釣りほこり」と記され鯛が登場する。海幸山幸伝説は概ね大阪系浦嶋伝説の特徴である「住吉」「わたつみの宮」「老人」の三要素と重なる。

だが海幸山幸伝説の塩筒老翁は最初から老人のままで、浦嶋子のように変貌するわけではない。その食い違いにこそ検証の突破口がありそうだ。老人になる浦嶋子と塩筒老翁に接点はあるのか――。塩筒老翁の正体を探ってみる必要がある。

塩筒老翁とは――

海幸山幸伝説の中で塩筒老翁は謎めいた存在だ。どこからともなくやって来てヒコホホデミノミコトを助ける。

塩筒老翁は海幸山幸伝説以外にも、日本神話の有名な二つのエピソードに登場する。

彼が最初に出現するのは天孫降臨《てんそんこうりん》の場面だ。ヒコホホデミノミコトの父であるニニギノミコト（瓊瓊杵尊）が高天原《たかまのはら》から高千穂峰《たかちほのみね》に降り立った。宮崎県と鹿児島県の県境に位置する標高千五百七十四メートルの火山がその地に比定され、天界から降りた彼らは日本の天皇家の祖となったとされる。

そのニニギノミコトは吾田の長屋の笠狭碕《かささのみさき》（南さつま市付近）で塩筒老翁と出会った。塩筒老翁は「ここに国あり」と言って自分の国をニニギノミコトに奉ったという。塩筒老翁は笠狭碕付近を支配する有力者だったとみえる。

もうひとつのエピソードは神武《じんむ》天皇の東征だ。

ヒコホホデミノミコトの孫にあたる神武天皇は九州の日向を発ち、奈良盆地で大和政権を開いて初代天皇となる。神武天皇は塩筒老翁から「東《ひむがし》に美《よ》き地《くに》あり」と聞き、東征を決意したという。塩筒老翁が水先案内の神である一面がここでも示される。

天孫降臨、海幸山幸伝説、神武東征は大和政権の成り立ちを伝える日本神話だ。三つのうち海幸山幸伝説はロマンチックな海神宮訪問譚の形をとってはいるが、主題は山幸彦が海幸彦を懲らしめた点にある。海幸彦は「吾田君小橋等が本祖」と記されているが、吾田君とは南九州で大和政権に抵抗した阿多隼人《あたのはやと》をさす。つまり伝説には山幸彦に象徴される大和政権が海幸彦にたとえられる現地の隼人族を征服した歴史が映し出されているのだ。

南九州でニニギノミコトに自分の土地を奉じた塩筒老翁も、歴史上に存在した有力者だったのだろうか。

話の中で塩筒老翁は山幸彦を竹籠に乗せてわたつみの宮へと送り届けた。『延喜式』（巻二十八　兵部省）隼人司の条には隼人がさまざまな竹製品を製作していたことが記されている。その点から塩筒老翁も南九州に土着していた隼人と見ることができる。古代史の中で隼人は「まつろわぬ者（従わない者）」というイメージが強いが、塩筒老翁は大和政権に対し最初から友好的な隼人だったことを匂わせる。

その実態を摑みたいと思ったわたしは福岡から南九州へと出かけた。鹿児島空港に降り立ち、車で南西六十七キロメートルほどの野間《のま》半島をめざした。

東シナ海に突き出すその地は塩筒老翁が「ここに国あり」と言って自分の国をニニギノミコトに奉った吾田の長屋の笠狭碕付近に当たる。

彼がニニギノミコトと出会ったのは黒瀬海岸とされ、それを示すかのように神渡《かみわたり》などの地名が残されている。黒瀬集落には神渡姓を名乗る家が十数戸あったという。『笠沙町郷土誌 下巻』によれば、黒瀬海岸付近にある自然石「誌の石」は塩焚きの翁の塩浜の跡地を示しているという。塩焚きの翁とは神渡氏の祖先に当たるとされる。ニニギノミコトが上陸した笠狭碕付近は元来、塩筒老翁の国だった。土地の先住民を思わせる塩焚きの翁とはその名や老人の姿から塩筒老翁と重なる。

野間半島を後にしたわたしは薩摩半島の南端へと向かった。やがて開聞岳《かいもんだけ》が雄姿を現した。ぽっかりと海上に浮かんでいるようにも見えるこの山の標高は九百二十二メートル。きれいな円錐形をした火山で別名、薩摩富士と呼ばれる。わたしはその麓に代々伝わる塩釜どんと名付けられた自然石を調べたいと思っていた。

指宿《いぶすき》市開聞川尻《かいもんかわしり》の郷土史家、田中栄治氏によればそれは塩田に立っていた土地神で塩筒老翁のことだという。彼は製塩をこの土地の人たちに教え、農耕、医学などの技術にも長けていたため「仙人どん」とも呼ばれていた。

塩田はすでにないが明治の初めくらいまでは開聞川尻や開聞十町《じゅっちょう》脇浦の塩屋で取れ

る塩が薩摩国一宮枚聞《ひらさき》神社の例祭に献上されていた。

また地元には塩釜どんを描いた一対二幅の古い掛け軸が残されている。絵の上段に霊峰開聞岳と枚聞神社の赤屋根、天智天皇を真ん中にして、左右に大宮姫《おおみやひめ》、不動明王の姿をした塩筒老翁が立つ。下段には製塩作業の風景が描かれ、桶で海水を運ぶ二人の人夫、薪と柴の束、作業小屋、塩の交易によって建てられた豪商の家も見える。

絵を見ながら田中さんはこう補足した。

「伝説では天智天皇の妃になった大宮姫はこの開聞町の生まれなんです。彼女を育てたのが塩筒老翁とされています。昔、川尻には『塩父《てじょ》』という養父の制度がありました。子どもたちには生みの親とは別に養父が決められて、成人するまで塩父が相談に乗ったり世話をしたりしたんです」

塩父の存在は山幸彦の悩みを聞き、彼に手を貸した塩筒老翁を思わせる。塩筒老翁を心の拠り所としてきた地元の人が生み出した独特の習俗なのだろう。

鹿児島で現地を回るうち塩筒老翁の来歴が見えてきた。塩筒老翁は大和政権支配以前に南九州を治めていた隼人族の神だ。航海神・文化神であるその正体は、海上交流によって得た製塩や農耕、医学などの先進文化で地元を拓《ひら》いた隼人族の祖先だったのであろう。敵対的な他の隼人族とは異なり大和政権を支持したことから、日本神話の中でも導きの神として特別な地位を与えられた。

だが塩筒老翁と浦嶋伝説を結び付ける文化的背景は見当たらない。

浦嶋伝説と日置氏の関係

薩摩半島の付け根に日置《ひおき》市がある。日置といえば『丹後国風土記』に記されている通り、浦嶋子の出身地だ。丹後半島の東岸には今も日置という集落がある。

鹿児島の日置がはじめて文献に現れるのは大宝《たいほう》二(七〇二)年に遡る。薩摩国が置かれたその年に薩摩十三郡のひとつとして日置郡が設置された。大隅国《おおすみのくに》(鹿児島県東部)では和銅《わどう》六(七一三)年頃の記録に日置造三立という役人の名が見える。『新撰姓氏録』によれば、日置造という姓名は高麗系とあるから、大陸とのつながりもみることができる。

南九州に浦嶋伝説は存在しないが、モチーフを同じくする海幸山幸伝説が伝えられているのはなぜだろう。似たような海神宮訪問譚が存在する丹後と薩摩にはともに日置という地名が残る。その共通項こそ注視すべき事実だ。双方に伝説を残したのは日置氏だったのかもしれない――。

日置荘《ひきしょう》という地名は大阪府堺市東区にもある。余部《あまべ》日置荘遺跡からは古墳時代以後の遺構や遺物が見つかり、古代の日置部との関係が指摘される（『大阪府埋蔵文化財調査報告2007‐6 余部日置荘遺跡』）。

また『古代の鉄と神々〈改訂新版〉』（真弓常忠著）によれば、日置部は製鉄技術ばかりか、日神祭祀にも関わった。弓矢は日を招き迎える祭祀に用いられた祭具であり、そこから弓道の日置流が誕生したという。

古代日本では、日祀りを執り行う祭祀者は「聖」と考えられた。『毛坊主考』（柳田國男著）によれば聖をヒジリと読むのは、もともとは日知、日者に由来がある。『日本書紀』には浦嶋子が蓬萊山で会ったのは仙衆（ヒジリ）だったと記されている。

大阪に海神宮訪問譚を伝えた者があったとするなら日置氏が最有力候補となるが、彼らが大阪で浦嶋伝説や海幸山幸伝説を伝えた形跡は見られない。一連の追跡でわたしがたどり着いたのは、大阪系の浦嶋伝説は大阪由来でも九州由来でもないという奇妙な結論だった。そうなると脳裏に浮上するのは『万葉集』の浦嶋伝説は歌人高橋虫麻呂の単なる創作だったのではないかという考えだ。丹後浦嶋伝説を元に舞台を住吉とし、楽園をわたつみの宮、結末を老人になった浦嶋子の死に変えたのは彼だったのではないか――。

高橋虫麻呂はなぜ浦嶋伝説の歌を詠んだのか

高橋虫麻呂には不明な点が多い。『万葉集』に東国や難波を舞台とする歌、西海道節《さいかいどうのせつ》度使《どし》となった藤原宇合《ふじわらのうまかい》（六九四〜七三七）に贈った歌など三十四首が並ぶものの、正史には全く登場しない。それら歌の舞台が藤原宇合の足取りと重なる点から、虫麻呂は宇合に付き従った下級官人だったとみられている。

藤原宇合は藤原不比等《ふひと》の第三子として誕生し、大和政権の中枢で活躍した奈良時代の公卿だ。霊亀《れいき》二(七一六)年に第八次遣唐使に任命され、帰国すると常陸国守として東国に派遣された。『続日本紀』によれば彼は神亀《じんき》三(七二六)年、難波宮《なにわのみや》造営を進める責任者に任命され、その時に詠んだ予祝歌とされる一句が『万葉集』(三巻三一二)に収められている。

昔こそ難波田舎と言はれけめ今は京引き都びにけり

(昔であればこそ難波田舎と言われもしたであろう。だが、今は都を移してすっかり都らしくなった)

未来の難波宮を高らかに謳う一句から長官としての使命感がストレートに伝わってくる。

難波宮の再建プロジェクトは朱鳥《しゅちょう》元(六八六)年に全焼した難波宮を、首都の平城京に対する副都として再生、機能させようという大事業だった。

平城京では果たせない機能とは何か? 陸地に囲まれた奈良との違いは海に面してい

ることだ。海のない奈良を拠点とする大和政権にとって、副都に海外交易の窓口を設けることが繁栄の鍵だった。

難波宮は六年ほどの歳月をかけて完成され、『続日本紀』によれば天平《てんぴょう》四（七三二）年三月二十六日、宇合らに褒賞が与えられた。

虫麻呂の「春三月、諸卿大夫等、難波に下りし時の歌」（『万葉集』巻九　一七四七）は、彼が諸卿大夫の中心人物とされる宇合とともに難波へと向かったときに詠まれたものだろう。

また、『続日本紀』には難波宮完成の一年後に当たる天平五（七三三）年に次のような記録がある。

夏四月三日　遣唐船の四隻が難波の津より進発した

天平四年の難波宮完成と翌年に続く遣唐使の派遣は唐からの文化文物を取り入れ、東大寺と奈良大仏を造り出すことになる聖武天皇の御世の幕開けを象徴するものだ。

ここで注目すべきは虫麻呂が詠んだ浦嶋子の歌と難波宮完成が、タイミングと場所で一致している点だ。浦嶋子の歌は難波宮が完成した春をイメージして歌われた可能性がある。「春の日の霞める時に住吉の岸に出でゐて」とある点から、実際に住吉の海を見ながら歌ったとしても矛盾はない。

上代文学を研究する大久保廣行氏の講演録「歴史の窓から見通した高橋虫麻呂の軌跡」(二〇一四年)には、長歌「浦嶋子」を含む大阪を舞台とする虫麻呂の歌について次のように言われている。

神亀三(七二六)年十月から天平四(七三二)年三月までの宮都造営期間に作られたものでしょう。それらは宮の造営に関わる官人集団の前で披露され、大いに喝采を博したものと思われます。

これまで『万葉集』の浦嶋子は伝説歌と位置付けられ解釈されてきた。だがこの歌も藤原宇合との動向から解釈してみる価値はありそうだ。

当時の人にとって浦嶋伝説は単なる海神宮訪問譚ではなく、蓬莱山から中国への憧れを膨らませるものだった。『日本書紀』に書かれた浦嶋子の蓬莱山行きは雄略天皇が中国へ使節を派遣した四七八年と重なり、浦嶋子＝中国というイメージが強く働いていた。そのため遣唐使は浦嶋子に例えられるような存在だったに違いない。命がけで海を越えて理想郷のような都にたどり着き、そこでは恋も芽生えた。実際、彼らの帰国は多くの悲恋物語を生み出したことだろう。

虫麻呂にとって、遣唐使でもあった藤原宇合は浦嶋子とダブルイメージだったはずだ。住吉大社のホームページ（「歴史と遷宮年表」）によれば宇合が参加した第八次遣唐使の遣唐神主を務めたのは津守宿禰池吉だった。『国史大辞典』を引くと、津守氏は大阪住吉の地にツツノオ三神が鎮祭《ちんさい》されたときにまで遡る。津守連の祖にあたる田裳見宿禰《たもみのすくね》が神主を務めて以来、住吉大社の社家として奉仕を続けた。津守氏は住吉を守護した中心的な存在として、古代摂津国の名族として知られる。

高橋虫麻呂――藤原宇合――津守氏――住吉大社――大阪系浦嶋伝説。

そんな一本の線が浮上する。しかも大阪には日置氏の足跡が残され、海神宮訪問譚とは親和性がある。

もし虫麻呂の浦嶋子の歌が難波宮の造営や遣唐使に寄せた献上歌だったとするなら、詠まれた時期は難波宮が完成した七三二年の春、あるいはその翌年の夏に遣唐使が出発する直前の七三三年春も考えられるだろう。

虫麻呂は海外に開かれた難波宮と遣唐使の船出を祝し、浦嶋子の長歌を詠った。ひょっとすると歌が披露されたのは遣唐使が安全祈願で訪れる住吉大社だったかもしれない。浦嶋子の行き先が蓬萊山からわたつみの宮に変更されるのは宗教的な影響抜きには考えられないからだ。

虫麻呂は老衰して死んだ嶋子に対し、「鈍やこの君」と嘆いてみせ、不老不死の楽園との断絶を強調する。だがそこに素朴な疑問が立ち上がる。浦嶋子を老衰させ死に至らしめた報いとしては蓬萊山を欠いた『万葉集』の伝説よりも、蓬萊山を不老不死の理想郷と描く『丹後国風土記』の伝説の方がふさわしいのではないか――。

わたつみの宮は海神宮として憧れられてはいたが、不老不死になるために求められた楽園というわけではない。それは海幸山幸伝説のわたつみの宮の描かれ方からも明らかだ。

その行間に漂う空気から、わたしは虫麻呂が浦嶋子を老人に変えたのは、単なる報いからだけではない別の意図があったように思った。これまでに見てきた『万葉集』の浦嶋伝説の成立背景から明らかなように、塩筒老翁を祭神とする住吉大社への奉納歌として浦嶋子は老人に変貌したのだろう。

つまり虫麻呂の伝説は楽園がわたつみの宮に変わり、海幸山幸伝説に倣うことになったのではあるまいか。トリックスターとしてのカメに代わって鯛が登場し、浦嶋子は塩筒老翁を連想させる老人になった――。

虫麻呂が歌った浦嶋子は、いわば丹後系の伝説と海幸山幸伝説を組み合わせた文学的パロディであったのだろう。それは『万葉集』に収録され、浦嶋伝説に大きな変化をもたらしていく。カメが登場せず、結末で老人になる別系統が誕生したのだ。

第五章　浦嶋伝説が二系統ある理由

丹後にはなぜ二カ所に伝承地があるのか

丹後系と大阪系。二系統に枝分かれした浦嶋伝説のアウトラインが見えてきた。

丹後系伝説は中国との関係を暗示する。登場する五色亀は蓬萊山を背負う霊亀《れいき》であり、カメを神的なものとみなす亀卜《きぼく》神事は五世紀に日本に伝えられていた。同じ頃、中国では神界訪問譚が流行っていたことから、四七八年に中国を訪れた雄略天皇の使節が日本に持ち帰った物語をもとに日本オリジナルの海神宮訪問譚が生み出され、丹後系伝説になった可能性がある。中国との関係に加え、五世紀という一本の線で貫かれている。

一方、大阪系の伝説は高橋虫麻呂により七三二年か七三三年の春に詠まれた歌が源泉のようだ。時期的には外国に開かれた難波宮の完成や遣唐使派遣と重なるが、それまで浦嶋子とは無縁だった大阪が舞台とされたのは、やはり遣唐使の先駆的存在と言える四七八年の中国使節の影響も考えられよう。『日本書紀』に雄略期の中国使節のことは書かれていないが、浦嶋子の蓬萊山行きと年がかぶる。浦嶋子、雄略期の中国使節、遣唐使は隠し絵に潜むトリプルイメージなのだ。

浦嶋伝説は丹後系を原型とし、それをパロディ化した長歌が大阪系だが、『日本書紀』

の四七八年は丹後系と大阪系、双方の伝説をつないでいるといえる。

本来は丹後地方の物語にすぎなかったものが、『万葉集』の出現で浦嶋伝説は大きく変容した。カメの有無や老人になる、ならないといったモチーフの違いは伝説発祥の地、丹後でも様々な変化をもたらしたはずだ。

すぐに思い付くのは伊根町の浦嶋神社で見た『浦島明神縁起』の絵巻や掛幅だ。『丹後国風土記』の内容とは異なり、浦嶋子は玉手箱を開いて老人に変貌する。それは大阪系伝説を受容した丹後で起きた変化なのではないか——。

丹後に逆輸入された大阪系伝説の痕跡を探ってみる。丹後では半島北部の伊根町と西部の網野町の二カ所に浦嶋伝承地がある。

丹後に残る別伝

伊根町に伝わる「カメあり」「老人あり」の伝説として最古のものは、永仁二（一二九四）年に丹州筒河庄福田村宝蓮寺で書写された『浦嶋子伝記』（浦嶋神社蔵）が知られる。十四世紀前半に完成されたとされる絵巻『浦嶋明神縁起』はこの『浦嶋子伝記』を元に描かれたのかもしれない。

また『日本絵巻大成22　彦火々出見尊絵巻　浦島明神縁起』（小松茂美著）によれば、浦嶋神社の『浦嶋子伝記』は『群書類従《ぐんしょるいじゅう》』所収の『続浦嶋子伝記』の底本に当たるという。

『続浦嶋子伝記』を見ると、延喜二十(九二〇)年の完成、承平二(九三二)年に注がつけられたと記されており、伊根町に「老人あり」の伝説が登場するのは十世紀に遡るのかもしれない。

一方、網野町には『丹後国風土記』のものとは大きく異なる浦嶋伝説が残されている。網野神社公式ホームページの伝説を参考にまとめてみる。

昔、銚子山古墳の地続きに日下部氏の屋敷があった。日下部曽却善次夫婦には子どもがなく、子宝に恵まれたいと百日祈願をしていた。満願の夜、夫婦は不思議に同じ夢を見た。「二人の願いを聞き届けよう。明朝、福島へ来い」という神からのお告げだった。翌朝、出かけると赤子が置かれており、夫婦は嶋子と名付け大切に育てた。釣り好きの若者に成長した嶋子は、澄の江(外洋)の漁から帰ると、釣った魚を釣溜《つんだめ》と呼ばれる磯の水溜りにビク(釣った魚を入れる籠)ごと漬けておいた。ある日嶋子は福島で大変美しい乙姫と出会った。二人は夫婦となる約束をし、小舟で龍宮へ行った。そこで手厚いもてなしを受け三年の月日が経ち、嶋子は故郷が恋しくなって帰ることにした。乙姫は「再びここに戻りたいと願うなら、決して中を開けてはなりません」と言い、美しい玉匣を嶋子に渡した。

嶋子は懐かしい万畳浜《まんじょうはま》へ帰ってきた。ところが屋敷についてみると雑草が茂って一面の荒野原に……。龍宮での一年は人間界での何十年にもなっていたことに気付いた嶋子は悲しみ、途方に暮れた。その時、彼は玉匣のことを思い出し、これで数百年の昔に戻れるのではと思い、蓋を開けた。すると中から白い煙が立ち上り、嶋子は皺だらけのおじいさんになってしまった。驚いた嶋子は自分の頰の皺をちぎって榎《えのき》に投げ付けたという。その後、嶋子がどうなったかは誰もわからない。

浦嶋子の系図

現在の網野町には浦嶋子の末裔《まつえい》が暮らし、系図も残されているという。末裔を名乗る森茂夫氏に網野神社でお会いしたのは二〇一七年のことだ。森家では代々、本家が網野神社の宮司を務めてきたが継承者は途絶えてしまった。

網野神社の祭神は水江日子坐王《みずのえひこいますのみこ》、住吉大神《すみよしおおかみ》、水江浦嶋子神《みずのえのうらしまこのかみ》の三神だ。住吉大神が祀られているからにはきっと大阪系伝説の痕跡が残されているはずだ。

森さんと社務所に入ると机の上にはすでに森氏系図が開かれていた。巻頭には簡単な説明書きがある。昭和二(一九二七)年に起きた北丹後地震の火災で元々あった系図が焼失し、昭和七(一九三二)年に森茂夫さんの祖父に当たる森元吉氏が本家に伝わるものを模写、復元したものだという。

巻物自体は新しいが、家系は第九代開化《かいか》天皇の時代に始まる。開化天皇の血を引く彦《ひこ》坐命《いますのみこ》（日子坐王）が敵を倒して田庭《たにわ》ノ国（丹後国）を治めた経緯が記されている。いわば丹後国の建国物語だ。

開化天皇　皇子　彦坐命
後胤　日下部首祖日子坐王（コノ皇子ヲ以テ後世王ト称スルノ始ト成ル）
勅令ニ依テ日子坐王田庭ノ国澄ノ江ノ賊徒陸耳御笠《くがみみのみかさ》ヲ御征伐シテ田庭ノ始ノ国造トナル　御子道大人命《みちのうしのみこと》又勅命ニ依四道将軍丹波道主命《たにわのみちぬしのみこと》ト云
丹波国ハ出雲国ノ次ノ開国トスル
姓ヲ日下部ト称ス

彦坐命が日下部首の祖先であると記されている。『丹後国風土記』でも浦嶋子は日下部首の祖先と書かれていた。それに連なるように、浦嶋子に関係する人物も系図に登場してくる。

水江長者日下部曽却善次　（亦ノ名ヲ浦島太郎ト云フ）
長男　嶋児
此ノ御子波多都美能娘ト夫婦ト成テ龍宮ニ通ヒシハ此ノ嶋児カ事ナリ

爰ニ当社縁起ニ曰ク玉手箱、白面、金銀珠、鏡、寿命築、子珠、満珠ノ七種ハ海神ノ都ヨリ古郷澄ノ江網野ニ持帰タル宝珠物也ト伝

森氏系図では日下部曽却善次こそが浦島太郎だという。だが浦嶋子の父を太郎とする言説は初耳ではない。伊根町で伝承地を廻った時、大太郎嶋神社の小さな祠に嶋子の両親が祀られていた。地元の伝説では浦嶋子の父である浦嶋太良（太郎）は三人兄弟の長男だったという(32ページ参照)。

江戸時代に浦嶋神社別当を務めていた来迎寺の僧による『浦嶋子口傳記』（一六九六年）にそのことが書かれている。「浦島伝説の記録を読む――丹後・但馬をめぐって――」（山田栄克著）を参考にするとその僧侶は網野神社の別当も務めていたという。浦嶋子の父を浦嶋太郎とする話は江戸時代頃のものだろう。

森氏系図の中で注目すべきは浦嶋子がわたつみの乙女と夫婦になり、満珠《まんじゅ》を貰い受けたという点だ。満珠は海幸山幸伝説の潮満瓊《しおみつたま》を思わせる。網野神社の住吉大神同様、大阪系の伝説との接点が確認できる。

浦嶋子の血族、日下部首とは

網野神社に伝わる森家系図は、代々網野神社の宮司を務めた森氏が、開化天皇の血を

引く日下部首を祖とすることを伝えるものだ。

日下部首は古代丹後の有力者とみてよさそうだが、天皇家とはどんな関係にあったのか。

『新撰姓氏録の研究 考證篇 第二』（佐伯有清著）によれば日下部は「後の和泉国大鳥《いずみのくにおおとり》郡日下部《くさかべ》郷（大阪府堺市福泉町《ふくいずみちょう》）」を本拠地とし、「名代部《なしろべ》の伴造《とものみやつこ》氏族」と書かれている。名代部とは大和政権に奉仕した大王直属の集団を指し、伴造氏族は職掌《しきしょう》を持つ豪族を意味する。日下部は鉄と関係するという見方があることから鉄製品の輸入や製鉄に従事していたのかもしれない。また『大化改新の研究 下 関晃著作集 第二巻』には、日下部が雄略天皇の后妃《こうひ》のために設けられた名代部だったと指摘されている。

また日下部氏と浦嶋伝説の関係について論じた「浦島説話の成立試論（下）」（福島千賀子著）は、日下部氏は「日即ち太陽を見て占ふ、或ひは太陽の光を利用して事の吉凶を判断し又神意をただすところの卜占《ぼくせん》の術をもつてゐたのではなからうか」とする。卜占は日神祭祀ばかりか亀卜にも通じる。

そのような日下部首の大和政権とのつながりは、大阪の堺に本拠を置く日下部氏から推測することができるが、彼らは丹後に勢力を拡大したのかもしれない。さらに日下部のルーツを遡ってみると『新撰姓氏録』には「阿多御手犬養同祖。火闌降命之後也」とある。阿多御手犬養とは南九州の隼人族のことで、火闌降命（ホノスソリノミコト）は

『日本書紀』をもとにすれば海幸彦となる。

日下部を九州にまでたどると海幸彦の隼人族に行き着くのだ。

浦嶋子と海幸彦は同じ血族だった？

いや、系図によれば浦嶋子の祖先は開化天皇であり、天皇家は山幸彦の系譜だ。そのねじれにこそ歴史の真相が仄見《ほのみ》える。日下部の足取りを追うと南九州にルーツを持ち、大阪を拠点に丹後へと延びる。天孫降臨した大和政権に屈した隼人族がその支配下に入って南九州を発ち、神武東征によって畿内で王朝確立に活躍、さらに丹後へと勢力を拡大したのではないか。敗者の海幸彦が勝者である山幸彦の血筋に呑み込まれていったのだろう。

それは南九州、大阪、丹後に足跡を残した日置氏とも重なる。地名や氏族として歴史に刻まれた日下部と日置の違いを明確に掴むことはできない。だが、日置と日下部を律令制の品部（技術者集団）から派生したものと捉えると、製鉄や卜占など大陸から伝えられた文物に長《た》けた氏族が浮き彫りになる。いずれにせよ、似通った海神宮訪問譚である海幸山幸伝説と浦嶋伝説が九州と丹後に残るのは偶然ではないだろう。伝説を語り伝えたのは日置氏や日下部氏だった可能性は濃厚だ。

大和政権と浦嶋伝説

海幸山幸伝説にはロマンチックな海神宮訪問譚では済まされない、南九州を支配した大和政権の英雄譚という側面があった。

浦嶋伝説にも大和政権との関わりが見られる。丹後系の伝説は日本の正史である『日本書紀』に記され、『丹後国風土記』では浦嶋子が天皇家の血を引く日下部首の祖先と書かれている。『万葉集』の大阪系伝説にはわたつみの宮など海幸山幸伝説の要素が加えられ、丹後の伝説というよりも日本神話化された話だ。それは「カメなし」「老人あり」の構成をもつ網野町の浦嶋伝説にも反映され、森氏系図に書かれた「波多都美（わたつみ）」や「満珠」も、丹後版海幸山幸伝説の一部とみることができよう。

網野町では浦嶋子の館跡が日本海最大の前方後円墳と地続きに置かれている。網野銚子山古墳は丹後における大和政権の象徴そのものだ。被葬者は彦坐命ではないかという言い伝えもあり、嶋子の館跡は森氏系図の具現化と言ってもいいかもしれない。

なぜ丹後半島に丹後系、大阪系の伝説が二つ伝わっているのか――。解決の糸口を見つけ出せなかった難問のひとつがついに氷解し始める。

元々、浦嶋伝説は丹後半島北部の伊根町を舞台とする地元の口頭伝承《こうとうでんしょう》だった。それが『丹後国風土記』や『日本書紀』に採録されたことで中央で知られるようになり、高橋虫麻呂がそこからパロディとしての和歌をひねりだした。

だがそれは日本神話化した浦嶋伝説へと発展していく。丹後に逆輸入された大阪系伝説は大和政権の繁栄と威光が残る網野町で歓迎され、伊根の浦嶋神社にも影響を及ぼした。江戸初期に浦嶋神社と網野神社双方の別当を務めた仏僧が伝承地を整備していくのは意外な歴史の現実と言っていいだろう。

大阪系伝説には大和政権の色が濃く反映されている。そこに知られざる事実が秘められているに違いない。

もうひとつの四七八年

浦嶋神社を何度か訪れるうち耳にした宮嶋宮司の言葉の中に、謎かけが潜んでいた。

「不思議な偶然が重なっているんです。浦嶋子が蓬萊山へ出かけた同じ年に、豊受大神《とようけのおおかみ》が丹後から伊勢神宮に遷座《せんざ》したのです」

豊受大神は伊勢神宮の外宮《げくう》に祀られている神だ。元は丹後の土地神だったが、天照大神の御饌都神《みけつかみ》、つまり食物を司る神として伊勢へ召された。

延暦《えんりゃく》二十三(八〇四)年に完成した伊勢神宮外宮の社伝『止由気宮儀式帳《とゆけぐうぎしきちょう》』によれば、天照大神が雄略天皇の夢に出てきてこう告げた。

自分は高天原からここに鎮まったが、一つ所にのみ坐すことは苦痛であり、また朝夕の大御饌《おおみけ》をも安らかにとることができない。そこで丹波国比治里《ひじのさと》、真奈井《まない》に鎮座するわたしの御饌都神、等由気大神を迎えて欲しい。

雄略天皇は神意に従い丹波（丹後）から伊勢に豊受大神を迎え、現在の地に外宮を定めた。

また伊勢神宮の編年記『太神宮諸雑事記』には、豊受大神が遷宮したのは「雄略二十二年七月」だったと記されている。宮嶋宮司が怪しむように、豊受大神が伊勢に遷座したのは、浦嶋子の蓬莱山行きと年ばかりか月までが一致しているのだ。

わたしにはそこに重大な意味が潜んでいるように思えた。浦嶋子と大和政権の知られざる関係は、伊勢の外宮に遷座した豊受大神が握っているのではないか――。

伊勢神宮の資料に「止由気」「等由気」と書かれる神が、外宮の豊受大神と同一神であることを疑う指摘はある。だが丹波国比治里、真奈井は京都府峰山町（現京丹後市）近辺と考えられ、網野町に隣接している。そこは昔から羽衣伝説の地として知られる。

日本最古の羽衣伝説

浦嶋伝説、天橋立伝説と並んで『丹後国風土記』に書き留められた「奈具社《なぐのやしろ》」。丹後に飛来した天女の話は『古事記裏書』や『元元集』に記されて現代に伝わった。

以下は『丹後国風土記』に書かれていることだ。

丹後国、丹波郡。郡衙《ぐんが》（役所）の北西の隅に比治の里がある。この里の比治の山の頂きに泉があった。名を真奈井といい、今は沼に変わってしまった。泉に天女が八人舞い降りて水浴びをしていたところ、和奈佐老夫《わなさのおきな》、和奈佐老婦《おみな》という老夫婦がやって来て、こっそりと天女一人の衣装を隠してしまった。天女たちは天上へと飛び去ったが、衣装を取られた天女は一人残され、体を水に隠したまま恥じていた。それを見た老夫が天女に言った。「わたしには子どもがいない。天の乙女よ、どうかわたしの子となってはくれまいか」。天女は「わたしだけが取り残され、どうして従わないでいられましょう。どうか衣装をお返しください」と答えた。「衣装を渡した途端、天に飛んで行こうと思っているのではないか」と老夫が疑いをかけると、天女は「天にはそんなひねくれ者はいません。どうして相手のことを疑ってばかりいるのですか」と尋ねた。老夫は「この世の人間にとっては普通のことだよ。安心できるまで衣装は返すまいと思ったのだ」と言い、ようやく疑いを解いて衣装を天女に返した。

天女は老夫婦に従って家に行き、一緒に住むうちに十年あまりが経った。彼女は上手に酒を醸《かも》し、それを飲むと万病が癒えるため、多くの者が欲しがった。天女は受け取った財貨を車に積んで持ち帰り、老夫婦に渡した。やがて老夫婦の家は豊かになり土地も肥えて豊饒になった。それで肥沃な土地を意味する土形《ひじかた》と呼ばれるようになり、比治の里といっている。

その後、老夫婦は天女に「お前はわたしの子ではない。仮にこの家に住んでいただけなのだから早く出ていきなさい」と言った。それを聞いた天女は、天を仰いで声を上げて泣き、地に伏して悲しみ嘆いた。そして「わたしは自分の意志でここに来たのではありません。あなた方が願ったからです。どうしてわたしを嫌い、急に追い出そうとするのですか」と老夫らに訴えた。すると老夫はますます怒って、出ていくようにと突っぱねた。天女は涙を流しながら門の外に出た。そこで出会った人に事情を語り「長い間人間の世で生きてきたため、もう天に帰ることもできなくなってしまいました。ここには親戚も、古くからの知人もないためどこに行ったらいいのかもわかりません」と嘆いた。やがて涙を拭いてため息をつき、天を仰いで歌を詠んだ。

天の原　ふりさけ見れば　霞立ち　家路まどひて　行方知らずも

(天の原を振り仰いでみると一面に霞が立ち込めている。家への帰り道さえわから

なくなって、どこへ行ったらよいのかもわからない）

天女は里を出てとある村にたどり着いた。会った人に「老夫婦を思うと、わたしの心は激しい潮の流れのように荒々しくなる」と語った。そこで人々は比治の里の荒塩村と呼ぶようになった。また丹波の里ではケヤキの木に寄りかかって泣いた。そのためその地は哭木《なきき》村と名付けられた。竹野郡船木（現・京丹後市弥栄町船木）にある奈具の村に着いたところでようやく天女は村人たちに「ここに来てわたしの心は穏やかになった」と告げ、村に落ち着いた。竹野郡の奈具社に鎮座している豊《とよ》宇加能売《うかのめ》の命《みこと》とはこの天女のことである。

羽衣伝説は全国各地に伝わるが、丹後に伝わる伝説は日本最古のものだ。

「磯砂山十景」（加藤晴彦著）を参考にすると、天女が飛来した比治山は現在の磯砂山《いさなごさん》（京丹後市）に、真奈井はその尾根筋にある女池《めいけ》に比定される。また豊宇加能売の命が鎮座した奈具神社は京丹後市弥栄町や宮津市などにある。

磯砂山や奈具神社をめぐるうち、京丹後市峰山町には豊受大神を祀る比沼麻奈為《ひぬまない》神社があることを知った。平安期『延喜式』の式内社《しきないしゃ》に比定されることから、元伊勢とも呼ばれる。また近くの二箇地区には史跡月《つき》の輪田《わでん》がある。別名三日月田とも呼ばれ、豊受大神が天照大神に献上した稲種が育てられた神田とされる。稲作と薬酒造りに長けた天女は御饌都神として天照大神から信頼を寄せられたのであろう。その豊受大神が伊勢へ召されたのは四七八年七月。奇しくも浦嶋子が蓬莱山に出かけたのと同年同月だ。丹後から同じタイミングで出発していった二者にはどんな関係があるのか。

武豊町の伝承地を訪ねる

わたしが浦嶋伝説との関係を探って伊勢へ出かけたのは二〇〇四年だ。南洋の黒潮に洗われる志摩半島には古来、海女、真珠の養殖、伊勢神宮に熨斗鰒《のしあわび》を供する風習など独自の海洋文化が根ざしている。内陸に目を向けると温暖多雨の森は緑濃く、伊勢神宮の神宮林には天然のシイ、カシ、サカキなどが豊かに生い茂る。内宮《ないくう》の参詣者は樹林帯を走る五十鈴《いすず》川の川原に下り、御手洗場《みたらしば》と名付けられた河岸の石畳で禊《みそぎ》をする。

あるがままの自然を歩き、触れて感じることこそが神との出会いである。その思想は二十年に一度、正殿をはじめ全ての諸殿舎が新たに造り替えられる伊勢神宮の式年遷宮に見られる。木の葉が枯れ落ち、枝にはまた新しい芽が吹く自然のサイクルが二十年周期で実践されるのだ。社殿は森の一部と思えるように周囲に溶け込んで見える。日本人が神道と呼ぶ信仰の原点はそこにある。

伊勢神宮は「神宮」と呼ばれる皇室ゆかりの大宮で、内宮と外宮に分かれ、内宮には天照大神、外宮には豊受大神が祀られる。境内を歩き浦嶋子につながりそうなものを探してみたが影も形もない。

大阪の住吉大社ではエリアを拡大することで追跡の突破口が開けた。同じように伊勢神宮でも周辺に目を向け、愛知県西部の知多《ちた》郡武豊町《たけとよちょう》に浦嶋伝説が伝わっていることを知った。名古屋と武豊を結ぶＪＲ武豊線の電車に乗り、終点で下車する。

武豊町の伝説では主人公を太郎とし、龍宮へ出かける。話自体は古いものではない。伝承地が点在する名鉄河和《こうわ》線の富貴《ふき》駅の周辺を歩くと、浦島太郎が乙姫を思って建てたとされる龍宮神社を目にし、乙姫橋や浦島橋を渡り知里付《ちりゅう》神社に着いた。そこには古くから開けずの箱が奉納されているという。境内には浦島神社が建ち、近くの真楽寺《しんらくじ》には浦島太郎が助けたとされる亀の墓もある。

わたしは歴史民俗資料館を訪ね、地域の歴史に詳しい横田秀史氏に話を聞いた。天保《てんぽう》十五(一八四四)年の古地図には「浦之島」「浦之島屋敷」という場所があった。知里付神社の東側にある負亀《おぶがめ》地区は浦島太郎が亀の背に乗った場所とされ、負亀の松も生えている。神社の南側にある富貴地区は負亀から転じた地名のようだ。富貴の南にある四海波《しかいなみ》と呼ばれる海岸が龍宮への入り口と考えられてきた。武豊の浦嶋伝説は地名に秘められている。

横田さんによれば知里付神社の開けずの箱は雨乞いと関係があるらしい。知多半島は川が少なく農業に不向きの場所で、たびたび雨乞いが行われた。

『武豊町誌　資料編二』を見ると、干ばつの年に宮司が開けずの箱を舟に乗せて浦之島から沖に出た。伊勢神宮を遥拝し、祈禱を捧げた後に蓋を開ける。するとはるか沖の彼方に雨雲が浮かび、大雨が沛然《はいぜん》と降ったという。

武豊の雨乞いは伊勢神宮に祈念するのだ。箱の中には一体、何が入っているのだろう?

横田さんはわたしの質問に答えた。

「現在でも非公開ということですが町誌に写真が載っていますよ。雨乞い祈願の神事に使われたもので、『翁三番叟《おきなさんばそう》』の能面でした。白と黒の翁面です」

箱に収められているのは翁面だ。老人になった浦嶋子を思わせる。

関係性が見えづらかった伊勢神宮と浦嶋伝説は、武豊町に伝わる雨乞い習俗によって結び付いていた。知多郡武豊町の歴史を深掘りすればもっと何かが見つかるのではないか。

時代に埋もれた過去を明らかにすることは、微かな電波をキャッチするようなものだ。いかに微弱であっても電波をつかまえられるなら、その発信源までたどることができる。

平安中期に作られた辞書『和名類聚鈔』（六巻　尾張国七十六）をみると、知多郡に「贄《にえ》代《しろ》」という地名がみえる。さらに『知多郡史 上巻』には「贄代は年久しく伊勢大廟の御管理を蒙つた土地である」とも記されている。武豊町の周辺は伊勢神宮への供物を産する場所だったようだ。

食物を司る丹後の豊受大神が伊勢神宮に遷座し、その贄代郷であった知多郡武豊町に浦嶋伝説が伝わっているのは関係があってのことだろう。豊受大神は伊勢の天照大神に稲や薬酒ばかりか、海産物も献上した。あるいは海産物を納めたのは浦嶋子だったのかもしれない。

伊勢神宮と常世

伊勢神宮のはじまりは第十代崇神《すじん》天皇が「天照大神と同床共殿《どうしゅうきょうでん》では畏れ多い」として天皇の御所とは別殿で祀ることとしたのがきっかけだ。所在は転々としたが、第十一代垂仁天皇のとき現在の伊勢に落ち着いた。

『日本書紀』（垂仁天皇二十五年三月）には、伊勢にたどりついた天照大神の言葉が書かれている。

この神風《かむかぜ》の伊勢国は、常世《とこよ》の波の重浪《しきなみ》がよせる国。大和の傍の、よき国である。この国に居ようと思う。

伊勢とは常世から波が打ち寄せてくるところだという。

常世とは不滅の世という意味だ。移ろう季節の中で暮らす日本人にとって楽園とは常夏の国のように季節が変わらない土地であり、その憧れは松のように一年中緑を失わない常葉樹が尊いとされていることにも見出せる。季節が変わらないことや松が枯れないことは時間が止まった不老長寿の世界をイメージさせる。

古来日本人は常住不変《じょうじゅうふへん》の国を常世と呼んだ。『丹後国風土記』『日本書紀』では蓬萊山や仙都を「とこよ」と読み、『万葉集』ではわたつみの宮を「とこよ」と言い換えている。

つまり浦嶋子が出かけた蓬萊山と豊受大神が遷座した伊勢はどちらも「常世」と解釈される。もしかしたら四七八年に浦嶋子が出かけた蓬萊山とは伊勢だったのかもしれない――。

これまでわたしは四七八年の謎を、同年に行われた中国への使節派遣にちなみ大和政権の外交関係と捉えていた。だがそこにはもうひとつの脈絡がある。四七八年の同月とされる豊受大神の伊勢遷座だ。浦嶋伝説の四七八年は宗教的な側面からも検討が必要だ。

平安時代の浦嶋ブーム

鎌倉時代初期に完成した歴史物語『水鏡』には、平安初期に当たる天長《てんちょう》二（八二五）年のできごととして次のように記されている。

ことしうらしまのこはかへれりし也

浦嶋子が蓬萊山から帰ってきたのは八二五年だったという。もしそれが事実なら平安初期のその時代、世間は大騒ぎになったはずだ。だが当時の記録には『水鏡』以外何ら浦嶋子のことは記されてはいない。

なぜ歴史書の『水鏡』は伝説の浦嶋子を史実として扱ったのか。

浦嶋神社創建は天長二（八二五）年であり、『水鏡』の浦嶋帰還と符合する。つまり『水鏡』の浦嶋子丹後帰還は、彼の御霊《みたま》を鎮める神社が故郷に完成したという意味だったのだ。裏を返せば、八二五年まで浦嶋子は神としてまともに祀られていなかったとも取れる。『～次世代に語り伝えよう～我らの宝　布引きの滝周辺の歴史史料集』（滝山保勝会）によれば、布引の滝の麓には浦嶋子の亭跡があったと伝えられ、八二五年以前の浦嶋神社発祥の地だったかもしれないという。

ではなぜ八二五年に彼は帰還し、神社が創建されたのだろう。八二五年は淳和《じゅんな》天皇の御代に当たる。『続日本後紀』には彼が不老長寿の仙薬とされた金液丹《きんえきたん》を愛用し、幼児の頃から病弱であった皇太子（仁明《にんみょう》天皇）にも服用させて著しい効果があったと記されている。金液丹は主成分が硫化水銀とみられる。水銀には不老不死の効果があると考えられていたのだ。

平安期に誕生した『浦嶋子伝』(『古事談』所収)には蓬莱山を訪ねた浦嶋子の行動が次のように記されている。

朝に金丹石髄を服み、暮に玉酒瓊漿を飲む

嶋子は不老不死となるために仙薬を服用していたという。嶋子と同じ金液丹を口にした両天皇は浦嶋子によほどの憧れがあったと見える。『続日本後紀』によれば嘉祥《かしょう》二(八四九)年三月、仁明天皇四十歳の宝算《ほうさん》を祝して浦嶋子の像が作られた。設置された場所は明らかではないが、その聖像は浦嶋子が天の川に昇り、長生する様子を表したものだったという。

神社や像が建てられるといった平安期の浦嶋ブームを牽引したのが『浦嶋子伝』と『続浦嶋子伝』だった。『浦嶋子伝』は一一二二年に編纂された説話集『古事談』に収められ、その異本と『続浦嶋子伝』が江戸期の『群書類従』に見られる。

どちらも『丹後国風土記』を下敷きとしたもので冒頭にカメが登場するが、『群書類従』の二冊では浦嶋子が結末で老人になる。カメ、蓬莱山、老人という組み合わせは、浦嶋神社で見た『浦嶋明神縁起』と重なる。

ところで平安期の浦嶋伝説は従来の海神宮訪問譚からあらぬ方向に転じる。浦嶋子と神女の官能的なラブシーンが加えられ艶本化が進むのだ。

『日本昔話と古代医術』（槇佐知子著）によれば、平安時代の宮中医官が撰《せん》した最古の医学書『医心方　房内篇』にみえる性交三十法が、『続浦嶋子伝』に挙げられたものと共通しているという。古代中国の養陽法（男性の回春術）で、浦嶋子は閨房《けいぼう》での密事に加えて仙薬を服用する。

金液丹などの服用は神女との床入りと同等の効果が期待できたのだろう。ラブストーリーとして描かれていた浦嶋伝説に、回春の方法論が組み合わされて秘本化が進んだのかもしれない。

いずれにせよ、浦嶋子と同じような金液丹を口にしていた淳和天皇や仁明天皇が浦嶋神社の創建や発展に直接・間接的に絡んでいた可能性があり、『伊根町誌　下巻』によれば神社造営にあたり漢学者小野篁《おののたかむら》が勅使として派遣されたとも言われる。

浦嶋神社の創建は、歴史書の『水鏡』で浦嶋子の丹後帰還という暗号文に置き換えられた。ならば浦嶋子が四七八年に丹後から蓬萊山に出発したという一文にも宗教的な事実が織り込まれていると疑ってみるべきだ。

『日本書紀』に書かれた浦嶋子の蓬萊山行きは、単純に常世である伊勢へ行ったと理解すべきかもしれない。『万葉集』の老人となる浦嶋子は塩筒老翁とイメージがかぶる。塩筒老翁は山幸彦をわたつみの宮へと導く水先案内役であった。豊受大神を伴って伊勢へ出かけたのは老翁浦嶋子だったのではないか——。

いや、『日本書紀』が成立した七二〇年の時点で、高橋虫麻呂の和歌（七三二年頃）はまだ詠まれていない。浦嶋子が塩筒老翁のように豊受大神を伊勢に導いたというのは幻想にすぎない。

四七八年の意味はもう少し違うところにある。

なぜ豊受大神は伊勢に遷座したのか？

伊勢に関係する記録を『日本書紀』の中に追ってみると四七四年、伊勢で逆賊が平定された記録に目が止まった。

雄略十八年の秋（中略）物部菟代宿禰《もののべのうしろのすくね》、物部目連《もののべのめのむらじ》を遣わして、伊勢の朝日郎《あさけのいらつこ》を討たせた

大阪の河内を本拠地としていた大和政権が、いまだ各地の豪族と勢力争いを続けていた時代。伊勢の朝日郎征伐が成し遂げられたのは四七四年だった。常世からの波が重ね

て打ち寄せる伊勢国は、古代の日本人にとって常世に最も近い土地だった。伊勢を平定、領有したことは王朝の基盤づくりや版図拡大の上できわめて重要な意味があったはずだ。

伊勢には天皇家の祖霊《それい》、天照大神とともに豊受大神が祀られるが、雄略十八年の記述は豊受大神が伊勢へ遷座する四年前に当たる。

伊勢神宮の成立をめぐってはさまざまな説があるが、内宮、外宮とも五世紀の雄略期を成立時期とみる説（『古代王権の祭祀と神話』岡田精司著）もある。大和政権が伊勢を政治と宗教の両面から治めたのが五世紀後半だ。豊受大神の伊勢遷座も同じ五世紀後半に当たり、丹後と大和政権の間に何か大きな動きがあったことを物語る。

四世紀後半から五世紀前半頃の丹後にはすでに日本海三大古墳が存在していた。大和政権が丹後を軍事的に支配したのはその頃に遡るであろう。古墳の存在は政治的な統治を示しはするが、宗教的な支配が完成していたとまでは言い切れない。

つまり、丹後の土地神である豊受大神が神道の中心地である伊勢に遷座したできごとは四七八年に大和政権が丹後を宗教的に掌握したことを示しているのではないか。だとすればそれと同年同月のこととされる浦嶋子の蓬莱山行きは大和政権の丹後統治を物語るものとみて間違いない。

宗教的な視点に立つなら、浦嶋子は丹後の土地神である。いや、彼が神として正式に神社に祀られるのは八二五年になってからのことだ。四七八年の時点で、彼はまだ豊受大神のような神格を有してはいなかった。彼は日下部首の祖先と言われるように、土地の人が尊敬する遠い祖先にすぎなかった……。

厚い岩と岩のわずかな隙間を通ってくる風を感じるように、わたしは壁の反対に潜む別世界の存在を察知した。

そこに実在した浦嶋子の気配が感じられる。

いまだ漠然としてはいるが、フィクションがフィクションだけではないという直感が激しく動き始めた。

第六章　太郎誕生

二系統の伝説と七不思議

浦嶋伝説の七不思議が輪郭を現し始めた。

丹後系

1［昔々］ 雄略二十二(四七八)年
2［あるところ］ 丹後国与謝郡日置里筒川
3［カメ］ 蓬莱山の神女の化身であり、亀卜神事に象徴される霊亀
4［楽園］ 蓬莱山
5［玉手箱を開いた結果］ 神女との恋の破局

大阪系

1［昔々］ 記載なし
2［あるところ］ 大阪の住吉
3［カメ］ 登場せず

4　[楽園]　わたつみの宮
5　[玉手箱を開いた結果]　塩筒老翁への変身

丹後系・大阪系共通

6　[二系統ある理由]　最古の丹後系伝説から日本神話化した大阪系伝説が誕生
7　[浦嶋子とは何者か]　丹後に実在した日下部首の祖先

七不思議の第一から第五まで丹後系と大阪系では異なっているが、その比較検討によって第六、七の不思議の答えを朧《おぼろ》げながら捉えることができた。浦嶋伝説が採録された奈良時代に早くも二系統に分かれるのは、既存の伝説が日本神話化したためで、背景には大和政権の丹後支配という歴史が秘められているようだ。浦嶋子を開化天皇の流れをくむ日下部首氏の遠祖とするのも、大和政権とのつながりを示すためではないか——。

第三の楽園、龍宮

「カメあり老人なし」の丹後系、「カメなし老人あり」の大阪系に対し、現代の昔話は「カメあり老人あり」で丹後系と大阪系を折衷したような話になっている。

これまで最古の浦嶋伝説が二系統に分かれていく経緯を検討してきた。浦嶋伝説は異国との交流を象徴するだけでなく、大和政権の丹後支配を伝えるものらしい。今度は反対に、分断された話が一本化されていく背景を追ってみる。丹後系と大阪系の話はなぜ再び合流したのだろうか。

丹後系と大阪系が組み合わさって「カメあり老人あり」の現代版昔話が誕生した。大きな違いは楽園が龍宮に変化することだ。浦嶋伝説の龍宮の初出は『釈日本紀』に見える。

天書第八曰　廿二年秋七月。丹波人水江浦嶋子入海龍宮得神仙

『天書』第八巻曰く雄略二十二年の秋七月に、丹波の人水江の浦嶋子は海龍宮に入り、神仙を得た

『天書』は神代に遡って宗教関係の記事をまとめたもので、著者の藤原浜成《ふじわらのはまなり》は延暦九(七九〇)年に死去している。浦嶋子が出かけた第三の楽園、龍宮も八世紀に遡ることになる。とはいえ『日本書紀』の蓬萊山をそのまま龍宮に入れ替えた程度だ。

続く平安時代になると『浦嶋子伝』『続浦嶋子伝』が誕生した。どちらも冒頭にカメ

が登場し、『群書類従』本では玉匣《たまくしげ》を開いて老人になる。「カメあり老人あり」という図式になるが、楽園は龍宮ではない。

カメ、龍宮、老人の三要素が結び付くのは中世の説話集『御伽草子《おとぎぞうし》』を待たねばならない。

現代版の浦島太郎に近い『御伽草子』

『御伽草子』「浦島太郎」

昔丹後国に、浦島という者がおり、その子に二十四、五歳の浦島太郎がいた。朝から晩まで海で魚をとっては父母を養っていたが、いつものように釣りをしようと出かけたある日のこと。海岸や島や入江で釣りをし、貝を拾い、海草をとっていたところ、ゑしまが磯という所で、亀を一匹釣り上げた。浦島太郎はその亀に「お前は生きるものの中でも、鶴は千年亀は万年といって、長生きする。突然ここで殺してしまうのは気の毒だから助けてあげよう。常々この恩を思い出すがよい」と話しかけ、この亀をもとの海に返してやった。

その日は暮れてしまったので帰り、あくる日にも海岸へ出かけ、釣りをしようと思って見ると、遥か遠くの海上に小舟が一艘浮かんでいた。不思議に思って見ているると、美しい女性がたった一人、波に揺られ、次第に太郎が立っているところに流されてきた。浦島太郎は「なぜ恐ろしい海上に、たった一人で舟に乗っているのですか」と尋ねると、女は「ある所まで船で向かっていましたが、波風が荒れ狂い、大勢の人が海に投げ出されてしまいました。人情深い人がいてわたしをこの舟に乗せ流してくれたのです。鬼ヶ島にでも行くことになろうかと、行方もわからず漂っていたところ、今こうしてあなたにお会いしたというわけです。これも前世からの深い因縁あってのことでしょう。虎や狼でさえ出会った人に縁を感じるのですから」と言って涙を流して泣いた。浦島太郎は気の毒に思い、綱を取って舟を引き寄せた。

女は「どうかわたしを祖国へ送り届けてください。このままではどこへ行っていいかもわかりません。ここで見捨てられるなら、海上でひとり物思いに沈んでいたのと変わりません」と何度も言っては泣いたので、浦島太郎も気の毒に思い、同じ舟に乗って沖の方へと漕ぎ出した。そして女の指図に従い、はるばる十日とちょっとを経て女の故郷に着いた。

舟から上がり見回すと、その御殿は銀の塀に囲まれ、金の屋根瓦を並べ、立派な門を建て、どんな立派な天上界の邸宅もこれに勝るものはないというほどだった。女は「旅の途中で見知らぬ者同士が一樹の下に宿り、同じ川の水を飲んだのは縁あってのことです。ましてこの広い海をはるばるとお送りくださったことは前世からの宿命に違いありません。わたしと夫婦の契りを交わし一緒に暮らしてくださいませんか」と丁寧に話した。浦島太郎は「お言葉に従いましょう」と答えた。二人は夫婦となる契りを固く結んだ。そして天であれば比翼《ひよく》の鳥、地上であれば連理《れんり》の枝のように仲のいい夫婦になろうと誓いを立て日々を暮らした。

女は「ここは龍宮と申す所で、邸の周囲に四季の草木をあしらっています」と言って太郎の手を引いた。

まず東の戸を開けてみると、春の景色と思われ、梅や桜が咲き乱れていた。柳の糸は春風に揺れ、たなびく霞の中から鶯《うぐいす》の鳴き声が聞こえ、あらゆる梢に花が咲き誇っていた。南の方を見ると夏の景色と見え、春との境の垣穂には卯の花が咲いている。池の蓮は露を浴び、渚には涼しげな小波が寄せ多くの水鳥が遊んでいた。木々の梢は茂り、蟬の声が空に響く。夕立が通り過ぎていく雲間には声を立てて飛ぶほととぎすが見えた。西は秋と見えて一面の梢も紅葉し、籬《まがき》の内に白菊が咲いている。霧が立ち込める野の奥の方には萩の露が結び、寂しげに鳴く鹿の声が響いている。同じように北を眺めると冬の景色と見えて、一面の梢が冬枯れしていた。枯葉におりた初霜、真っ白く雪化粧した山々、雪に埋もれた谷の出入り口にある炭竈《すみがま》からは心細い煙が上がる。

おもしろい事に心を満たし、誇らしく過ごすうち、あっという間に三年が経った。そこで浦島太郎が「三十日の暇をください。ほんの少しの間と思って故郷を出て三年もの年月が経ったので、父母に会って安心させたいのです」と言ったところ、女は「三年の間、夜は一緒の寝床に臥し、ほんの少し別れるだけで心配になってしまうのに、ここで別れてしまったら、次はいつの世にお会いできるでしょう。夫婦の契りは来世に続く縁といいますから、もし生き別れたら必ずや極楽浄土で再会できるように生まれ変わってください」と言い、涙を流して泣いた。また女は続けて「わたくしはこの龍宮の亀です。ゑしまが磯であなたから命を助けられ、その御恩返しを致したく夫婦にならせていただきました。これはわたくしの形見としてご覧ください」と、左の脇から綺麗な箱を一つ取り出し「絶対にこの箱を開けてはいけません」と言って渡した。会者定離《えしゃじょうり》はこの世の習わし。出会った者は必ず別れる時がくるものと知りながら、感情を抑えがたくこのように歌を詠んだ。

日数へて重ねし夜半の旅衣立ち別れつついつかきて見ん

（長い年月を共に過ごしてきたあなたは、私と別れ、いつ会いに来てくださるのでしょうか）

浦島の返歌、

別れ行く上の空なる唐衣ちぎり深くは又もきて見ん
（別れていくわたしの心はうわの空だが、またやって来てあなたにお会いすることになるでしょう）

そうして浦島太郎は、お互いに名残を惜しみつつ、形見の箱を持って故郷へと帰っていった。忘れもしないこれまでのこと、またこれからのことを思い続けて、遥かな波路を帰るときに読んだ歌。

かりそめに契りし人のおもかげを忘れもやらぬ身をいかがせん
（夫婦の契りを交わしたあの人の面影を忘れてしまうことができないこの身をどうしたらいいものか）

さて浦島は故郷の家に帰ってみると、人影はすっかり絶えて荒野となっていた。浦島はこれを見て「いったいどうしたことか」と思い、ふと横の方に目をやると柴の庵があったので立ち寄った。「こんにちは」と声をかけてみると、中から八十歳ぐらいのお爺さんが出てきて「どなたさまでしょう」と言うので、浦島は「ここに住んでいた浦島がどこへ行ったのかご存じありませんか」と尋ねた。お爺さんは「浦島のことをお尋ねとは不思議なことです。浦島という人が生きていたのは七百年以上も前のことだと伝え聞いています」と言ったので、太郎は非常に驚き、これまでの経緯をありのまま語った。お爺さんも不思議なことだと思って、涙を流しながら言った。「あそこに見えます古い墓、古い石塔が浦島の墓所と伝わっています」と指をさして教えてくれた。太郎は草深く露のたくさんおりた野原をかき分けながら古い墓を参り、涙を流してこう詠んだ。

かりそめに出でにし跡を来て見れば虎ふす野辺となるぞ悲しき
(ほんのしばらくの間と思って出ていったものの、戻ってきてみると荒野になっていたのが悲しいことだ)

浦島太郎は一本の松の木蔭に呆然と座った。「箱を決して開けてはいけません」と言われていたが、約束のことなどどうでもよくなった。彼が箱を開けると、中から紫の雲が三筋上がり、二十四、五歳だった姿はみるみるうちに変わり果てた。浦島は鶴になって大空に飛び立った。これまで七百年も生きてこられたのは、亀が箱の中に年齢を詰め込んでいたためで、開けてはいけないと言われていた箱を開けてしまったのは、なんともつまらないことだ。

君にあふ夜は浦島が玉手箱あけてくやしきわが涙かな
（愛しい君に会う夜は浦島が玉手箱を開けたかのように時間が過ぎ去り、悔しさのあまり涙が出る）

命あるもので情けを知らない者はいない。人間に生まれておきながら、恩を恩とも思わぬ者は、木石と同じようなもの。深い愛で結ばれた夫婦は二世の契りといって来世でも夫婦になる尊いものだ。浦島は鶴になって蓬莱山へと飛んでいき、亀は万年も生きた。これによりめでたいもののたとえとして鶴亀が言われるようになった。情けのある人は行く末めでたいと言われる。その後、浦島太郎は丹後国に浦島の明神となって降臨し、人々を救い、悟りの境地へと導いた。亀も同じ地に神となって降臨し、浦島と夫婦の明神となった。めでたし、めでたし。

この『御伽草子』によって浦嶋伝説に「カメ」「龍宮」「老人」が揃った。
いや、そればかりか物語の主人公が「浦島太郎」となり、「四季の部屋」が登場し、故郷を離れていたのが「七百年」となるなど、現代版により近い浦嶋説話が誕生した。

龍宮とは何か

二つに枝分かれしていた浦嶋伝説は『御伽草子』で合流し、楽園は龍宮になった。「カメあり老人あり」の話が誕生したのは龍宮に秘密があったのだろうか。

龍宮の伝説は古代インドに遡る。龍はインドでナーガと呼ばれ、雲や雨を起こす神通力をもっている。龍宮であるナーガババナは水中にあり、龍族の長であるアナンタ王が美しい女たちに囲まれて住んでいた。その宮殿は天上、地上、地下の中でもっとも華麗なものであったという。

龍王は『法華経』などの仏典に八大龍王として登場し、龍宮は仏教の中でも重要な聖地とみなされている。「華厳経の成立流伝に関する古伝説――上中下三本説について――」(大西龍峯著)によると、二世紀のインド仏教僧、龍樹が龍宮を訪れて『華厳経』を発見したという伝説は七世紀頃の中国で語られるようになったという。それ以後、龍宮は仏教とともに中国から日本に渡ってきた。

『御伽草子』の本文に立ち返ってみると、カメの話は報恩譚として語られ、老人になった浦島太郎は「衆生済度《しゅじょうさいど》し給へり」と書かれている。衆生済度とは仏教の言葉で仏や菩薩がこの世で迷っている人を苦しみから救い、悟りの境地に導くことをいう。どうやら『御伽草子』の底流には仏教思想があり、それが龍宮、カメ、老人をつないでいるかのようだ。

仏教説話のカメと老人

平安前期に書かれた日本最古の仏教説話集『日本霊異記《りょういき》』には昔話「浦島太郎」を彷《ほう》彿《ふつ》とさせるカメと老人の話が見られる。

亀を買い取って助け、この世で亀に報いられた話　第七

（前略）弘済禅師《ぐさいぜんじ》は仏像を造るために都（南大和地方）に上がり、私財を売って、材料とする黄金や赤の顔料などを買った。三谷寺に帰る途中、大阪まで来たとき、海辺の人が大きな亀を四匹ほど売っていた。弘済禅師は人に説きすすめて、この亀を売ってもらい、亀を海に放してやった。その後、帰ろうと思い船を見つけ、童子二人を連れて船出した。日が暮れ夜も更けた頃、船乗りたちは欲心を起こし、岡山県の骨島《かばねじま》あたりにさしかかったところで童子たちをつかまえ海に投げ込んだ。そして弘済禅師に向かって、「お前も早く海に飛び込め」といった。弘済禅師はこんこんと教えさとしたが、賊は聞き入れなかった。そこで弘済禅師は仕方なく、願を起して、それからおもむろに海の中に入って行った。水が腰の深さになるぐらいまでつかった時、ふと脚に石が当たっているように思えた。夜明けの光が差し、亀の背が見えた。弘済禅師は亀の背に乗って広島県の海岸あたりまで送られた。亀は頭を

三べん下げて去っていった。これはおそらく放してやった亀が恩を返したのであろう。

（中略）このように畜生でさえも受けた恩を忘れないで返すのである。まして道理を知っている人間たるものが恩を忘れてよいものであろうか。

僧侶が救った亀に一命を救われる仏教説話だ。昔話「浦島太郎」を思わせる、亀を救う報恩譚はすでに平安初期、仏教徒が語り伝えていたのだ。

また亀の話の直前には不思議な老人が登場する物語も記されている。

観音菩薩を信じ祈ったことにより、この世で善い報いをえた話　第六

長老の法師行善は俗姓を堅部《かたしべ》の氏といい、小墾田《おはりだ》の宮で天下を治められた推古天皇の御代に留学生として高麗の国に学んだ。高麗の国の滅亡にあい、あてどもなく諸国をさまよい歩いていた。ふと、ある川にさしかかると、橋はこわれ、船もなく、川を渡る方法がなかった。行善は断ち切れた橋の上にいて、ひたすら観音を祈った。その時、一人の老人が舟に乗って迎えに来て、行善を乗せて川を渡った。行善が舟から道にあがり、振り返るともう老人の姿はなく、舟も消えてしまった。行善は、これはおそらく観音が仮にこの世に人の姿をして現れたのだろうと思った。さっそ

く、願を立て、観音の像を造って、これを信仰しようと誓った。この後、行善は唐にたどり着き、願のとおり観音の像を造り、日夜心を込めて敬い奉った。この行善を世間の人は河辺の法師と名づけていた。（後略）

老人は主人公の行善を舟で対岸まで無事に渡らせ忽然《こつぜん》と姿を消した。どことなく塩筒老翁を思わせ、老人になった浦島太郎が神となって人々を悟りの境地に導いたという『御伽草子』の話とも重なる。

若狭湾の浦島太郎

二〇〇三年から二〇〇四年にかけて浦嶋伝説の現場を訪ねたとき、各地で仏教との接点をみた。

丹後半島の沖合いに浮かぶ島には意味ありげな古俗が残されている。

京都府舞鶴市の冠島《かんむりじま》は若狭湾の西、大浦半島の北九キロメートルに浮かぶ無人島だ。南北約一・三キロメートルと小さく、天然記念物オオミズナギドリのコロニーがあるため立入禁止だが、昔から人々の信仰の中心地となっている。

雄嶋とも呼ばれるこの島には老人嶋《おいとじま》神社が鎮座し、年に一度、大漁祈願のため漁師たちが出かけていく。東は福井、西は鳥取からも参拝者が来るという。

冠島の北、約三キロメートルにはさらに小さな沓島《くつじま》が浮かぶ。平安貴族の装束である冠と沓に似ているためにそれぞれの名前がついた。

二つの島は海に沈んでしまった凡海郷《おおしあまのさと》の一部だとも言われる。大宝《たいほう》元(七〇一)年三月、三日三晩続いた地震で沈没し、二島だけを残して周囲は蒼海《そうかい》となってしまったらしい。

舞鶴市教育委員会の了解を得てわたしも老人嶋参りに参加できることになった。大浦半島の野原《のはら》、小橋《おばせ》、三浜《みはま》の三地区が島の神社の鍵を一年交代で管理し、輪番で幹事役をつとめているという。

漁船に乗り海へ漕ぎ出したのは二〇〇三年六月のことだ。竹に結ばれた大漁旗は大きく風に揺れ、勇壮な太鼓のリズムに合わせた横笛がメロディを奏でる。船は湾内を三周した後、順番に冠島へと向かい始めた。現在はエンジンを全開にして二十分ほどで到着できるが、昔は手漕ぎの船で競い合いながら島をめざしたらしい。ルーツをたどると長崎のペーロンや沖縄のハーリーなどの龍船競漕《りゅうせんきょうそう》に行き着く。

冠島に到着すると一同はそろって老人嶋神社へ向かう。藁縄《わらなわ》に二匹の干鯛を吊した掛鯛《かけだい》、酒とともに赤い幟《のぼり》を奉納して参拝する。

老人嶋神社には十一面観音が祀られ、浦島太郎は観音に仕える三人のひとりとされ、瀬之御前《せのごぜん》(弁財尊)と結ばれて夫婦となった。

冠島には神仏習合の形が残されている。老人嶋神社という名前は意味ありげで、海没した楽園伝説は龍宮とのつながりを連想させる。さらには十一面観音の従者である浦島太郎が弁財天と結婚するという点に仏教の影響が見られる。

川のほとりの浦島

純粋に寺院に伝わる浦嶋伝説も存在する。

長野県上松町《あげまつちょう》の浦島伝承地は景勝地として名高い寝覚《ねざめ》の床《とこ》にある。木曽川の急流によって形づくられた渓谷の脇には臨川寺《りんせんじ》が建ち、浦島太郎が祀られていた。浦島伝説の多くは海を舞台とするが、長野ではその常識が破られる。何事においても常識に当てはまらないものは要注意だ。

上松に伝わる伝説は一風変わっている。『上松町誌　第二巻　民俗編』を参考にすると、浦島太郎は丹後の人であるというところから始まる。

丹後の領主だった浦島太郎が海に出て亀を釣った。お供のものが櫂《かい》を振り上げてカメを殺そうとしたので太郎はやめさせて海に放した。カメの化身である姫が現れ、太郎は龍宮へと誘われる。そこで数年を過ごし、帰国を決意した太郎には玉手箱と弁財天の仏像、『万宝神書』という書物が与えられた。

故郷の丹後に戻ったものの、知る人が誰一人としていない現実を前に太郎は『万宝神書』を開く。そこに書かれていた飛行の術、長寿の薬法などを会得した彼は不老不死の身体を得て空を飛び回り、寝覚の床に到着した。その渓谷の絶景が気に入って住み始めるも、昔のことを懐かしく思い出し、玉手箱を開いて老人になってしまう。死後に残された弁財天が祠に祀られたのがきっかけで臨川寺になったという。寺の創建は寛永元《かんえい》(一六二四)年、地元に伝わる浦嶋伝説は宝暦《ほうれき》六(一七五六)年頃に記録されたものだという。

冠島の老人嶋神社では浦島太郎が弁財天と夫婦になった。臨川寺でも弁財天が重要な役割を果たす。その意味を臨川寺の住職、見浦宗山氏に尋ねてみた。

「弁天様はインドではサラスバティ川の水音の化身ですよ。そのため水辺に祀られているんです」

水辺であれば海にはこだわらない。川は海に注ぐ。山間部にまで浦嶋伝説が根付いた理由はそこにある。そして蓬萊山やわたつみの宮の神女は仏教説話化して川のほとりの女尊、弁財天に置き換えられたのだろう。

横浜の浦島観世音

仏教化した浦嶋伝説は神奈川県にも伝わる。横浜市の伝承地はJR京浜東北線の東神奈川駅の近くにある。

東京から国道一号を横浜方面に進んでいくと、やがて小高い丘に差しかかる。浦島丘《うらしまおか》と呼ばれ、近くには浦島小学校や浦島丘中学校が建つ。また鉄道をはさんだ向こう側の地名は亀住町《かめずみちょう》と浦島町だ。横浜の浦嶋伝説はかつての観福寿寺が中心地とされる。「浦島縁起　享保十年」（『開館10周年記念特別展　よこはまの浦島太郎』所収）を参考にすると、相模《さがみ》の国、三浦の里に水江の浦島太夫という人が住んでいた。彼は公務により丹後国、与謝の筒川に移住し、そこで息子の太郎が生まれた。太郎は亀を助けて龍宮へと招かれ、玉手箱と聖観世音菩薩《しょうかんぜおんぼさつ》を貰って丹後に帰ってきた。故郷で身寄りがないことを知ると玉手箱を開けて白髪の老人になってしまう。その後、父太夫の故郷である三浦の里に戻り、墓所に菩薩像を安置した。それが浦島寺として知られる観福寿寺となったという。

浦島丘の近くにあった観福寿寺は江戸末期、慶応四（一八六八）年の火災で焼失した。幸い浦島太郎に縁《ゆかり》の品々は近くの慶運寺《けいうんじ》に移されていて焼失の難を逃れた。現在でも寺の入り口には浦島寺と書かれた石塔が立ち、境内には浦島父子碑もある。

案内板には本堂に安置されている本尊浦島観世音の写真が貼り出されていた。十二年に一度公開される亀の上に立つ黄金の観音菩薩像だ。浦島太郎が龍宮から貰い受けてきたものとされる。

冠島、上松、横浜などの浦嶋伝承地を旅すると、共通項が浮かび上がる。いずれも丹後半島を本源地とし、仏教説話として語られる。浦嶋伝説としては後発だが、カメ、龍宮、老人のモチーフを持つ仏教説話はすでに平安初期から存在していた。仏教説話という古層があったからこそ丹後系、大阪系の二つに枝分かれした浦嶋伝説が再び合流したと言ってもいいだろう。その『御伽草子』では老人になって死んだはずの浦嶋子が神になったと明かされる。

武家社会と浦嶋伝説

『御伽草子』はそれまで二系統あった浦嶋伝説を融合、一本化しただけでなく、現代の昔話の基礎を作り上げた。主人公の名前が浦嶋子から浦島太郎に変わった点が何よりそれを如実に示す。

そもそも古伝の浦嶋子は広義には「浦の島の子」を意味する仮名《けみょう》（通称）だ。実際に浦嶋子という名前の人がいたわけではないだろう。『丹後国風土記』にある「浦の嶋子」が本来の呼び方だが、時代が下り、鎌倉時代の『水鏡』では「浦島の子」と表記され、「浦島」という苗字のように使われ始めた。それが浦島太郎につながる。

浦島太郎は能狂言にも登場する。足利義満以後、武家社会の芸能として定着したものだ。謡曲「浦島」は慶長《けいちょう》二～五（一五九七～一六〇〇）年頃の作品とされる。

太郎、次郎といった仮名が広く使われたのは当時の武家社会であった。源義家が八幡《はちまん》太郎、北条時宗が相模太郎と名乗り、説話世界でも平安後期の武士、坂田金時《さかたのきんとき》が金太郎と呼ばれた。昔話の桃太郎も武士の仮名なのだろう。

浦島太郎を生み出したのは武家社会だった。

『御伽草子』は十四世紀から十六世紀の南北朝・室町時代以後にまとめられた短編の物語集で、江戸期に広く流布するようになった。中古の物語を代表する作品に『竹取物語』や『源氏物語』が挙げられる。平安貴族が生み出した宮中文学のため読者は限られていた。武家社会になると武者物、宗教物、異類物、異国物といった多彩な短編小説が誕生して、女性や子どもにも好まれ、大衆化していくきっかけとなった。

武家社会の登場は仏教にも変化をもたらした。鎌倉以後、新仏教と言われる浄土宗、臨済宗、浄土真宗、曹洞宗、日蓮宗、時宗《じしゅう》が次々と誕生し、大衆の信仰を集めた。仏教説話を兼ね備えた『御伽草子』の浦嶋伝説は親しみやすい物語だったのだ。

龍宮は沖縄にあった⁉

『御伽草子』から浦嶋伝説の楽園が龍宮に変わった。それも武家社会や室町時代に要因や背景があるのだろうか。『和漢三才図会《わかんさんさいずえ》』（七十七巻）浦島明神の項目には次のような注釈がつけられている。

竜宮とは今に謂ふ琉球か。（竜宮、琉球と音同じ）彼の島に神女有り。蓋《けだ》し浦島が漁舟、ここに漂着して然るや江戸時代に琉球と龍宮が同一のものだという考えが示されている。確かに「リュウグウ」と「リュウキュウ」は発音も似ている。

そこには従来あまり考察されてこなかった問題が潜んでいる。わたしが琉球＝龍宮説の真相を求めて沖縄の首里城《しゅりじょう》に出かけたのは二〇〇三年だった。那覇市の東側に位置する首里城は昭和二十(一九四五)年、太平洋戦争の沖縄戦で正殿が焼失したが、以後復元作業が進められ、平成四(一九九二)年に首里城公園として復活した(二〇一九年に焼失)。守礼門《しゅれいもん》から中に入り、歓会門《かんかいもん》をくぐりぬけて、瑞泉門《ずいせんもん》、漏刻門《ろうこくもん》へと進む。内壁が二重、三重と連なる。それらはすべて楼門だ。瑞泉門、漏刻門には朱塗りの楼観が設けられ、アーチ型にくりぬかれた歓会門は龍宮門にそっくりだ。

漏刻門を抜けると、見晴らしのいい空き地がひろがった。右側には広福門《こうふくもん》があり、沖縄三味線(三線《さんしん》)の音が聞こえ始めた。小気味よい三線のリズムにつられて先へ。「琉球王朝――舞への誘い」と題する催しの中で琉球舞踊が披露されていた。

女性四人が竹をカスタネットのように叩きながらリズムをつけ踊る「四つ竹」が始まると多くの聴衆が惹きつけられた。身に纏《まと》う鮮やかな衣装が南海の魚を連想させる。浦島太郎が見た「タイやヒラメの舞い踊り」はこれじゃないか――。わたしの脳裏にそんな言葉が浮かぶ。

沖縄は丹後や大阪とは空の輝きや海の青さが違う。目にする花や魚の色さえ異なる。

水平線ひとつ越えたところに、こんなにも違う世界があったとは——。そんな驚きと好奇心がかつての琉球王国にも向けられていたはずだ。

演舞が終わり、奉神門《ほうしん》をくぐりぬけた。赤白の敷き瓦が床をおおう御庭《うなー》が見え、その奥に威風堂々とした朱塗りの殿閣が聳えていた。

そこでわたしを待っていたのは数多くの龍だ。正殿の左右に立つ阿《あ》形、吽《うん》形の大龍柱ばかりか、唐破風《からはふ》、屋根の上の棟飾《むねかざ》りにいたるまでたくさんの龍神があちこちを守る。正殿の中は薄暗く、外から差すわずかな光を浴びて、朱、黒、金色に塗られた壁が光を放っていた。建築様式は日本と中国のスタイルを併せもち、エキゾチックな空間美が作り出されている。

わたしは「中山世土」の扁額が掲げられた国王玉座へと進んだ。御差床《うさすか》では黒い台座の左右を黄金の阿吽の龍柱が守り、中央には黄金龍の椅子がすえられていた。そこに座るのは龍王以外、誰がいよう。

首里城はたくさんの龍に守られた、まさに龍宮と呼ぶにふさわしい。

わたしは正殿から北殿へと抜けて外に出た。右掖門《うえき》をくぐり、坂を下り、久慶門《きゅうけい》へと進む。それらも全て楼門だ。

もと来た歓会門に戻り、日影台の奥に吊り下げられている鐘の存在に気付いた。「万国津梁《ばんこくしんりょう》の鐘《かね》」は一見、何の変哲もない青銅の大梵鐘《だいぼんしょう》だが、刻み込まれた銘文に視線が止まった。

琉球国は南海の勝地にして、三韓（朝鮮半島）の秀を集め、大明（中国）をもって輔車《ほしゃ》となし、日域（日本）をもって脣歯《しんし》となす。この二つの中間にありて湧出する
の蓬萊嶋《ほうらいじま》なり

琉球は蓬萊嶋！

国指定の重要文化財である実物の鐘は沖縄県立博物館に所蔵されていると知り、さっそく出かけていく。床に置かれていた鐘は、高さ約百五十五センチメートル、口径およそ九十三センチメートル、重さ七百二十一キログラム。大きな破損もなく、美しい青銅の光沢を放っていた。

鐘が鋳造されたのは、琉球が当時盟主としていた明《みん》の天順《てんじゅん》二年というから一四五八年だ。掲げられた年表を見ると、琉球王国の宮殿である首里城の歴史は鐘と同じく十五世紀に始まる。

それ以前の沖縄には統一王朝は存在しなかった。一四〇〇年代に入ってようやく、三人の強大な首長が北部、中部、南部に分かれて争ういわば戦国時代となった。琉球王国の礎を築くことになる南山の尚思紹《しょうししょう》、巴志《はし》親子が中山王《ちゅうざんおう》を降し、首里城を手に入れたの

は一四〇六年のことだ。さらに十年後の一四一六年、北山王《ほくざんおう》を破り沖縄本島を支配下においた。

一四二一年に父思紹の後を継いだ尚巴志は中国皇帝に特使を送り、冊封使《さくほうし》の派遣を求めた。琉球は正式に明の藩国になり、王は「琉球国中山王」の称号を与えられた。

中国の冊封体制下に入った琉球は朝貢を献上するかわりに、中国、福州《ふくしゅう》との定期的な交易が認められた。大陸から漆塗りの容器や、豪華に装飾された壺や皿などの舶来品が次々と渡ってきた。また東南アジア各国とも交易を行い、シャム（タイ）、マラッカ（マレーシア）、スマトラ（インドネシア）などからは染料、香木、胡椒などの香辛料、メノウ、象牙が渡ってきた。それら南国の珍品は、琉球産のヤコウ貝や硫黄などとともに中国はもとより、日本でも垂涎《すいぜん》の的となった。中国、東南アジア、朝鮮そして日本の中心に位置していた琉球王国はまさに交易の一大中継地となったのである。

琉球を蓬莱嶋とするのは、古代中国の伝説的な楽園になぞらえたものだ。その様子は南海や中国からの珍しい交易品とともに一四〇〇年代以後の日本にも伝えられた。

奇しくも蓬莱山、わたつみの宮と呼ばれた浦嶋伝説の楽園が「龍宮」に統一されはじめるのも一四〇〇年代以後のことだ。その背景には現実に存在した琉球王国のインパクトを無視できない。

琉球王国の勃興《ぼっこう》とともに浦嶋伝説に龍宮が定着していく、という一致は単なる偶然ではないだろう。『御伽草子』を読んだ人が、心の中に思い浮かべる海の向こうの楽園とはどこか——。多くの人にとって琉球王国こそ、物語の中の龍宮をリアルにイメージさせたのではないか。

だがイメージだけで浦島の龍宮＝琉球が成り立ったとは思えない。両者を結び付けた具体的な接点があったはずだ。架空のものをリアルに感じるのは、想像力を超えた現実があったからに違いない。

那覇の若狭町

手がかりを求めて二〇一九年に再び那覇に出かけた。那覇港の近くを歩いていると「若狭町」と書かれた標識が目に留まった。浦嶋子の故郷、丹後半島は若狭湾の西端を占める。

『新装版　海の王国・琉球「海域アジア」大交易時代の実像』(上里隆史著)によれば、近世初めの那覇にはいわゆる「日本町」が存在した。それは若狭町《わかさまち》と呼ばれ、十五世紀の中頃までに沖縄の総鎮守とされる波上宮《なみのうえぐう》が建てられた。同じ頃日本僧によって造られた広厳寺《こうがんじ》には大和人墓地があり、近世期には薩摩藩の在番奉行《ざいばんぶぎょう》の関係者が葬られたという。

また付近には市場が作られ日本からの品々が並んでいたようだ。

十五世紀頃の若狭と琉球に直接的な関係があったのだろうか。

『中世の権力と列島』（黒嶋敏著）には永禄《えいろく》（一五五八―一五七〇）年間の日本と琉球の関係を示す書状が引用されている。

朝倉義景書状
今度琉球渡海勘合之儀、令中候処、御同心之旨、本望此事候

越前国の戦国大名朝倉義景（一五三三～一五七三）が島津義久に宛てた手紙だ。「琉球渡海勘合」とは、若狭・越前から琉球に渡海する船を管理する制度とみられる。当時、朝倉義景は足利家の跡取りとなる足利義昭を匿《かくま》っていた。次期将軍とも言われた義昭と、日本海の要衝を掌握していた朝倉が、琉球王国との公式な関係を模索していたことを示す史料だ。この計画は義昭が織田信長に奉じられることで頓挫してしまう。

越前・若狭と琉球は当時すでに非公式に交流をしていたことをうかがわせ、那覇の若狭町はその実態を地名に封印して現在に伝えるものだろう。浦嶋子の故郷丹後・若狭と琉球には往来があったのだ。琉球から若狭に帰国した者はその時代の生ける浦島太郎だったに違いない。

七百年と四季の部屋

そんな十六世紀の若狭と琉球を行き来していた者にとって『御伽草子』に記された「七百年」はリアリティが感じられるものだったはずだ。『水鏡』に浦嶋子帰国（八二五年）と記録されてから七百年後に当たるからだ。十六世紀の日本人にとって、浦嶋子の話は七百年前のできごとであり、それが浦嶋伝説の「三百年」を「七百年」に変更した理由ではないか。

『御伽草子』が完成した室町時代以後、龍宮をイメージさせる琉球王国が海の果てにあった。「リュウグウ」「リュウキュウ」という音の近さから、当時の人々は双方を同じ場所のように感じていたことは間違いない。いや、現代のわれわれも無意識のまま龍宮と琉球を重ね合わせているのではないか――。

四季の部屋にも龍宮を読み解くヒントが隠されている。それを仏教が説く無常観から解釈できるかもしれないが、琉球＝龍宮説を当てはめると、龍宮で四季の部屋が珍重されるのはそこが季節がない土地だったからに他ならない。

亜熱帯海洋性気候に属する沖縄地方は年間を通じて温暖であり、本土ほどはっきりとした季節の違いはない。そのような土地では四季の部屋が強い憧れの対象となりうる。つまり四季の部屋がある龍宮はそこが琉球王国であると言っているようなものなのだ。

そして現在の絵本に四季の部屋が登場するのは、琉球に龍宮を見ていた昔の人のイメージを、われわれが無意識のうちにも受け継いでいる証拠でもあるのだ。

昔話「浦島太郎」の誕生

古代から現代まで、浦嶋伝説の変遷が見えてきた。

地域の口頭伝承として丹後に誕生した創出期を第一期とするなら、第二期は『丹後国風土記』『日本書紀』『万葉集』を通して中央で知られるようになる奈良時代だ。

続く平安期にも第三期の浦島ブームが訪れた。九世紀の丹後に浦嶋神社が創建され、淳和天皇や仁明天皇は浦嶋子への憧れから金液丹を口にし、浦嶋子像も建立された。その時代の人々の憧れは『浦嶋子伝』『続浦嶋子伝』の中に表れている。

室町時代頃にまとめられた『御伽草子』では浦嶋伝説が大きく変化し、第四期が訪れる。主人公を浦島太郎と改め、武家社会や仏教思想の影響を受けながら、海の向こうにある琉球王国の存在によってリアルさが加えられた。

その後、浦嶋伝説は明治期に巌谷《いわや》小波《さざなみ》が著した『日本昔噺《むかしばなし》』で第五期を迎える。児童文学としての現在形はここで整えられ、古代からのラブストーリー色は消えた。龍宮を訪れるファンタジーとして描かれながらも、迎えるクライマックスでは浦島が玉手箱を開いて老人となるところでバッサリと切って落とされる。そのように浦嶋伝説が奇妙な話となったのは明治時代からだ。話の内容はそのまま国語の教科書『尋常小学国語読本』に採用され、子ども向けの話として定着していく。

古代の浦嶋伝説から昔話「浦島太郎」へ。『日本書紀』や『丹後国風土記』といった為政者の記録は庶民が自分たちの物語として語り継ぐ説話、さらには児童文学へと変化した。日本文学史千年の変遷を経て生み出された、まさに日本を代表する文学作品と言っていいだろう。

浦嶋伝説は伝説でありながら昔話、神話にまでなった。物語としては特定のジャンルに収まらない唯一無二の地位を築いた。今でも抜群の知名度と好感度があり、古さを全く感じさせない。その秘密の根源は二系統にあった。伝説が二系統に枝分かれしたことで伝説や神話としての裾野を大きく広げ、それぞれの神秘性や格調の高さを併せ持つ昔話へと進化を遂げた。浦島太郎が日本人に親しまれ続ける秘密はそこにあったのだ。

第七章　四七八年の謎を解く

浦嶋大明神と対面する

浦嶋神社には、ある不思議な呪言《じゅごん》が伝わっている。意味不明ながらもその妖気漂う旋律を一度聞くと耳からなかなか離れない。玉手箱の秘密とともに封印された呪言は、毎年一回行われる祭りの秘儀で宮司と氏子連により唱えられる。延年祭《えんねんさい》と呼ばれるその祭りに参加しようと浦嶋神社を訪れたのは二〇〇三年三月だった。

祭りを執り行うのは宮司と宮人らで、代々宮人は三野家の人たちが務めている。三野家は浦島太郎の家臣を名乗る末裔だ。鎌倉時代の終わり頃、愛媛から美作《みまさか》をへて伊根の本庄浜にたどり着き、大きな刀で神社を庇護したことにルーツがあるという。

延年祭は、前夜祭に当たる花おさめ行事から始まる。

花おさめとは神社の本殿に花を供える神事で、その花は不思議な形をしている。山からコシャベラという名前の木を伐ってきて、カンナで削りかけをつくる。細く輪切りにした竹に巻き付けるが、その俵のような形をしたものが花に見立てられる。また削りかけを細長く丸め、まんなかを縛ったものを蕾《つぼみ》とする。それらを真綿でくるみ、チシャと呼ばれる木に吊るしていく。御神木に花を四十五、蕾を四十五付けてできあがった明神花は立花《たちばな》とも呼ばれる。

花おさめの神事は立花を本殿に納める行事で、夕日が沈む時刻に始まる。

宮嶋宮司から許可を得たわたしは氏子らとともに神社内部に進んだ。宮司が拝殿で祓《はらえ》詞《ことば》を述べ終わると、一同は急な階段を上り本殿へと向かう。

冷涼な空気に包まれ薄暗い一角に座っていると、神聖な場所に来たことを肌身で感じた。一拝の後、一同は上半身を地面に伏せ宮司が大祓いを行う。厳粛さの中、立花が大《おお》榊《さかき》や奉幣《ほうへい》とともに本殿に納められた。その後、宮司は古いひとかかえほどもある木箱を取り出した。

いよいよ神事のクライマックスだ。薄暗い本殿の中で、箱の中の浦嶋大明神と対面する。宮司から箱を受け取った参列者たちは一礼し、中をじっと覗いた。その表情は淡々としているがゆえ、かえって好奇心が刺激される。

箱はゆっくりと順番に回され、ついにわたしの元にもやってきた。わたしは深く礼をし、恐る恐る目を開いた。

箱の中には白と黒、二つの翁面《おきなめん》があった。白い翁と黒い翁はそれぞれ浦嶋大明神の和《にぎ》魂《みたま》であり荒魂《あらみたま》であるという。愛知県の武豊町でも開けずの箱には白黒の翁面が納められていた。単なる符合ではないだろう。それは浦島大明神が老人神であることを示している。彼は蓬萊山から帰還後、老人に変貌し神になったのだ。

謎の呪言

御面拝戴《はいたい》の儀が終わり、参籠所《さんろうじょ》に場所を移して花の露行事が始まった。そこでは高砂の謡、戌亥《いぬい》の歌が謡われる。古くから浦嶋神社に伝わる呪言とはその戌亥の歌のことだ。

コノゴゼノ　イヌイノ　スミニ　ツボナナツ　ヤッツ　チョウツンブリ　サン

サラナミ　河来見《こうくるみ》ハナミニタツ　ヤァ……

この歌に突然、メロディも抑揚もない早口言葉が割り込んでくる。

タッカシノ　ヒノイデマシマス　トウジンバラ　ヌーケソ　ノーカイソ

歌は三度繰り返された。玉手箱を開けるときの呪文ともされ、箱から立ち上った煙のごとく神秘のベールに包まれている。

翌朝になり九時を過ぎると、延年祭への参列者が集まってきた。

近くの筒川で身を清めた宮人たちが裃《かみしも》を着て本殿前に現れ、神事に臨む。儀式は本殿の中で行われるため、参詣者は様子を見ることはできない。わたしも祭りを外から見守った。ところが御面拝戴の儀になると、宮人が箱をもって本殿の正面階段を下りてきた。

「どなたも、お面、近う寄ってご拝あれ」

宮人は大声で参拝者に呼びかけ、箱の中の翁面を披露する。禁断の箱を開けた浦嶋子が翁になってしまったことが白日の下にさらされる。

延年祭の最後、本殿前の能舞台で『翁三番叟』が始まった。玉手箱に納められていた白黒二つの翁面が取り出され、それは肉体を得て目の前で舞い始めた。ご神体というものは普通は動かない。だが浦嶋子の翁面は復活を遂げた者のように厳然と人々の前に立ち現れた。

浦嶋子の正体は仮面にあるのではない。その仮面に魂と肉体を与えていた者こそ、浦嶋子の正体なのだ。

舞に合わせて翁は詞章を口にする。

およそ千年の鶴は萬歳楽《まんざいらく》と謡うたり
また万代《ばんだい》の池の亀は甲に三極を戴いたあり
滝の水冷々と静に落ちて　夜の月鮮やかに浮んだあり
一切所願かへる満足　渚の砂《いさご》さくさくとして　朝《あした》の日の色ぞおん

天下泰平国土安穏の　今日の御祈禱《ごきとう》なあり
我は何《な》じょうの翁とも
（影謡）幸ひ斎《いづ》くの翁とも
千秋万歳の喜びの　舞ひなれば一差し舞はう　萬歳楽

我は何じょうの翁とも……。その翁の言葉を聞いたわたしの疑問は再燃する。

翁面の裏に本当の浦嶋子がいる。それは誰だったのか――。

解読に挑む

地元の歴史に詳しい石倉昭重氏を訪ね、延年祭の意味について疑問を投げかけた。『翁三番叟』は祝いの場面だけではなく、意外な局面でも演じられていたという。

「もともとは、山の方にある河来見《こうくるみ》という集落に伝わっていたものなんです。河来見は浦嶋神社に仕えていた人たちが暮らしていたところで『翁三番叟』はそこにあった三柱《みはしら》神社で演じられていました。彼らは浦嶋神社の社殿の屋根を葺きかえ『翁三番叟』を演じたようです」

「おめでたい内容の演目からすると、やはりお祭りで演じられたのでしょうか？」

「雨乞いのためにも演じられています。昭和二十二（一九四七）年を最後に途絶え、現代に復活したのは平成元(一九八九)年からです」

豊年満作を祈り祝う延年祭と雨乞いが結び付いているのは理解できる。謎めいた高砂の歌について尋ねると、石倉さんは歌詞の一部に丹後の方言が見られるという。また河来見が出てくるのも浦嶋神社との関係を反映したものだという。河来見は浦嶋神社の西約三キロメートルに位置し、古道の途中には布引の滝がある。

戌亥の歌は、ある程度までなら解読が可能だ。

「コノゴゼノ……サンサラナミ」というフレーズは神楽歌として広く知られるもので、祭祀のはじめに歌われる。『日本文学の民俗学的研究』(三谷榮一著)に奥州の下閉伊郡《しもへい》遠野《とおの》地方の歌が紹介されている。

この家の　戌亥の隅に　かめ七つ　七つのかめに　ささら波立つ　泉湧く酒

浦嶋神社の戌亥の歌と歌詞が似ている。

コノゴゼノ　イヌイノ　スミニ　ツボナナツ　ヤッツ　チョウツンブリ　サンサラナミ。

この中でチョウツンブリとは、丹後の方言で「足のくるぶし」を意味するらしい。サンサラナミと併せて考えれば、「足のくるぶしに波がさらさらと押し寄せてきた」となるであろう。

この御殿の　戌亥の隅に　つぼ七つ　八つ　酒の波が足のくるぶしまで　さらさらさら、河来見は波に立つ

古来、戌亥である北西は祝福をもたらす祖霊神が来訪する方角とされ、祭祀の前に神を招き入れるために歌われた。また瓶や壺、玉手箱も含めた容器には神霊が宿るものと考えられてきた。壺に福運を祈れば福徳が授かる。河来見が波に立つとは、その者が先達を務めたことを意味するのだろう。

この歌詞に不可解な詞章が絡んでくる。

タッカシノ　ヒノイデマシマス　トウジンバラ　ヌーケソ　ノーカイソ

「タッカシノ」「ヌーケソ」「ノーカイソ」は古語や方言ではなさそうだ。語感の印象から外国語のようにも思われる。

宮嶋宮司に相談すると韓国語で解読できるかもしれないと言い、知人である韓国系日本人の朴光洙さんを紹介してくれた。

未解読部分は韓国語で読めた

後日スケジュールを調整して彼が住む神戸を訪れ、約束した喫茶店で落ち合う。日本で生まれ育った朴さんは両親が朝鮮半島出身だった関係で子どもの頃から韓国語に親しんできた。標準語だけではなく、母親の出身地である韓国南部の慶州の方言にも詳しいという。

彼はCDに録音された戌亥の歌に耳を傾けた。

「これはデュエットじゃないですかね」

メロディを持った一つの歌に、棒読みのような詞章が絡まる。確かに言われてみればデュエット曲のようなものかもしれない。

タッカシノ？
ヒノイデマシマス　日の出でましますか？
トージンバラ　唐仁原？
ヌーケソ？
ノーカイソ？

詞章のうち日本語でも理解できそうなのはほんの一部だ。

ところが朴さんはわたしが理解できない部分を韓国語で全て聴き取れるという。

「タッカシノは韓国語で意味が通じます。タッカシノの『タッ』は『すぐに』そして『カシノ』は『行ってしまう』。語尾を上げて発音すれば『もう行ってしまうのですか?』となります」

「ヌーケソ、ノーカイソも日本語では意味不明です」

そう問いかけると朴さんは淀みなく答えた。

「『ヌーケソ』は韓国南部、慶尚道《けいしょうどう》の方言で『寝ますか』とか『置きますか』という意味です。『ノーカイソ』はゆっくりしていきなさい、となるのではないかと思います。韓国で正式には『ヌッケカシオ』と言うのですが、慶尚道では『ヌッカイソ』と発音します。『ノーカイソ』はたぶんこれです」


トウジンバラはどこか?


では残るトウジンバラとは何か?

「日の出ましす」にかかる点から地名とみられる。丹後半島から日が昇る東の方角、若狭湾を越えたところにある東尋坊《とうじんぼう》は柱状節理《ちゅうじょうせつり》の巨岩が壁をなし、異界への入り口を思わせる。もしかしたらトウジンバラとは東尋坊のことかもしれない。だが、東尋坊と浦嶋伝説の直接的な接点は見つからない。

一方、薩摩半島に位置する鹿児島県南さつま市には「唐仁原《とうじんばら》」という地名がある。東シナ海を望み、近くを流れる万之瀬《まのせ》川の河口付近が古くから港として栄えた。『鹿児島県の歴史』(原口泉ほか著)を見ると、万之瀬川河口付近の遺跡から、十一世紀後半から十五世紀前期にかけての中国産陶器が出土した。中国船（異国船）が往来する交易拠点で、唐人居留地を意味する唐仁原と呼ばれるようになったものと推測される。

その位置関係を地図で調べてみて、唐仁原のある南さつま市の北に日置市が並ぶことを知った。南九州の唐仁原は日置氏の拠点であり、海外交流の玄関口だった。わたしは九州と丹後に海神宮訪問譚を伝えたのは日置氏ではないかと仮説を立てた（110ページ参照）。そこに唐仁原が結び付くのではないか――。

浦嶋神社に伝わる謎の呪言は韓国語による解読によって知られざる事実を見せ始めた。「日の出まします」を「日本」を意味する枕詞とみなすなら、「日の出まします唐仁原」とは朝鮮半島から見た「日本の唐仁原」を指すのかもしれない。

唐仁原は日置氏の拠点であり、丹後の日置で生まれ育った浦嶋子にとって、そこは親族が暮らす第二の故郷のような場所だったはずだ。

帰ってしまうの　日本の唐仁原（故郷）へ　もう一晩　ゆっくりしたら

朴さんの協力により浮かび上がってきたのは浦嶋子との別れを惜しむ亀比売の言葉だったのだ。それが韓国語で読み解けるのは何とも意味深長だ。

丹後半島から見れば北西方向に朝鮮半島があり、その奥に蓬萊山があったとされる渤海が横たわる。祝言歌に秘められた戌亥（北西）の意味もみえてくる。

浦嶋伝説の三百年をどう解釈するか

浦嶋子はやはり大陸へと出かけたのではないか——。その思いはより一層強いものとなった。

とはいえ、これまでの追跡では実在した浦嶋子と中国の関係はわからないままだ。『日本書紀』は浦嶋子が四七八年に蓬萊山へ行ったとするが、その年、実際に中国へ出かけたのは雄略天皇の親書を携えた使節だった。また同じ年に丹後の豊受大神は常世と呼ばれる伊勢へ遷座してもいる。

ここで明らかなことがひとつある。四七八年に浦嶋子は蓬萊山に行っていないという事実だ。

浦嶋伝説に関わる時系列を整理してみる。『日本書紀』と『水鏡』に記された記録では、浦嶋子は四七八年に蓬萊山へ行き、八二五年丹後に帰国したとある。

ところがそこには大きな矛盾がある。『丹後国風土記』（七一五年）と『日本書紀』（七二〇年）はどちらとも、浦嶋子が帰還する八二五年より前に完成してしまっているのだ。浦嶋子が玉匣《たまくしげ》を開かないうちに、その結末が記録されるのは辻褄《つじつま》が合わない。

しかも『丹後国風土記』と『日本書紀』の伝説は本文と抄録《しょうろく》という関係にある。浦嶋子の出発を四七八年と記した『日本書紀』の筆者は、浦嶋子の帰国が三百年後だったとする『丹後国風土記』の内容を十分理解していたとみていい。つまり『日本書紀』の筆者には四七八年と三百年後は矛盾していなかったとも言えるのだ。

浦嶋伝説から発信された古代のメッセージを読み解くためには、『丹後国風土記』の筆者が記した三百年と『日本書紀』の四七八年を同等に扱い、双方ともに合理的な解答を見つけ出さねばならない。

最古の浦嶋伝説は中国からもたらされた『捜神記』や『拾遺記』といった神界訪問譚の影響を受けており、『拾遺記』の話でも「三百年」と書かれている（88ページ参照）。

だがあらゆる伝説同様、外国の話がそのまま日本に定着したとは考えづらい。物語の種となりそうな事実が元々あり、人々にリアリティを感じさせる存在や状況があったからこそ、それを核にして伝説が誕生したはずなのだ。

おそらく丹後には元々、どこか遠くの世界に出かけた人の話があったのではないか。ひょっとするとその人は浦嶋伝説が誕生した五世紀に、三百年ぐらい前の人と考えられていたのではないか──。

三百年というと途方もない年月のように思われる。だがわたしは他の物語でその時間的な隔たりを実感したことがある。かつて追跡していた『ロビンソン漂流記』のモデルが無人島に漂流して二〇〇四年で三百年という節目を迎えた。故郷のスコットランドでは彼の生家は観光地となり、地元の先人として思い起こされていた。三百年は人の記憶から消え去るほど遠い時間ではないのだ。

『魏志倭人伝』とシマコ

浦嶋伝説の成立を五世紀とみるなら、その三百年前の二世紀に浦嶋子になった実在人物がいたのかもしれない。そんな視点に立って歴史を調べていく。

二世紀頃の日本の様子を知る記録は日本には存在せず、『魏志（倭人伝）』など中国の史料を頼りとするしかない。邪馬台国の卑弥呼についての記載があることであまりにも有名なこの記録には、二世紀から三世紀の倭国の様子が記録されている。

冒頭で倭国の地理的な位置付けと、卑弥呼の邪馬台国までの道のりが説明される。その途中、伊都国《いとこく》と奴国《なこく》が出てくる。

伊都国に到る。官を爾支《にき》といい、副を泄謨觚《せもこ》、柄渠觚《ひきょこ》という戸数が千あまりとされる伊都国は、福岡県福岡市の東、玄界灘に突き出た糸島半島付近にあったと考えられる。副官の泄謨觚をシマコ（島子）あるいはイモコ（妹子）と読む説が『新訂魏志倭人伝他三篇――中国正史日本人伝（一）』（石原道博編訳）の訳注に示されている。

さらに『魏志（倭人伝）』は続ける。

東南奴国に至る百里。官を兕馬觚《しまこ》といい

伊都国の東南百里、現在の福岡市と福岡湾を隔てた志賀島付近と思われる場所にあったのが奴国だ。その官は兕馬觚、つまり「シマコ」とある。

奴国と言えば卑弥呼の時代から二百年ほど前、「漢委奴国王」の金印を授けられた国として有名だ。金印については『後漢書《ごかんじょ》（倭伝《わでん》）』に建武中元《けんぶちゅうげん》二（五七）年、光武帝《こうぶてい》が奴国遣使に授けたと記されている。

『魏志（倭人伝）』に記されたシマコとはいかなる存在なのか。それは官吏《かんり》の名称とされ、海沿いの地方を治めていた地方豪族とみることができる。二世紀の日本にはシマコと呼ばれる、海を掌握していた有力者が存在していたのだ。

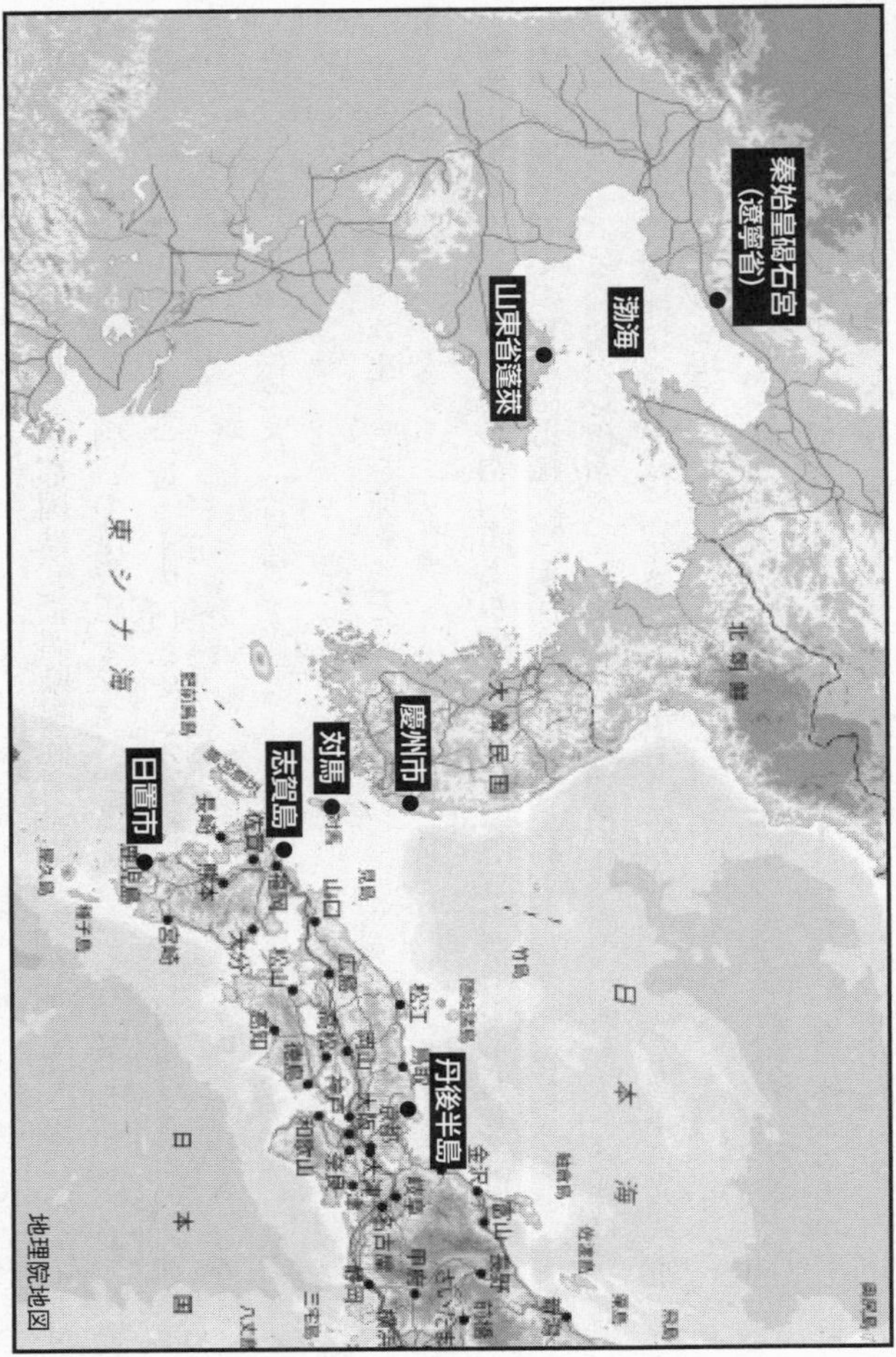
秦始皇碣石宮
（遼寧省）
渤海
山東省蓬莱
東シナ海
北朝鮮
大韓民国
慶州市
対馬
志賀島
日置市
丹後半島
日本海
日本国
地理院地図

浦嶋伝説に登場する浦嶋子もそのシマコと重なり合うのではないか。

五世紀に誕生した浦嶋伝説は、三百年前の二世紀頃、丹後に実在したシマコをモデルとしているのでは——。

浦嶋子は二世紀の人か

では二世紀のシマコが蓬萊山のことを知っていた可能性はあるのか。

「唐古《からこ》・鍵《かぎ》考古学ミュージアム　ミュージアムコレクションVol.1」（田原本町教育委員会著）によれば、奈良県の田原本町にある弥生時代中期の唐古・鍵遺跡からヒスイ勾玉《まがたま》を納めた褐鉄鉱《かってっこう》容器が出土した。それは褐鉄鉱の粘土を不老長寿の仙薬とみる中国からもたらされたものだ。すでに二世紀の日本では神仙思想が理解されていたことを示す。

神仙思想の聖地とされた渤海沿岸の碣石は紀元前二世紀から七世紀頃までの歴代皇帝により崇拝されていた。ただし海上の碣石は五世紀以後、内陸の碣石山へと移され位置さえ曖昧になる。

秦始皇帝以前に始まる海上の碣石はいつまで存在、あるいは認識されていたのだろうか。

曹操（一五五—二二〇）は「東臨碣石、以観滄海（碣石より東を臨み、滄海を観る）」と歌っている（『漢詩選4　古詩源（上）』内田泉之助著）。

「秦帝国の形成と東方世界——始皇帝の東方巡狩経路の調査をふまえて——」（前出）に

よれば碣石の具体的な位置は曹操（魏武帝）が烏桓《うがん》征伐の途上に立ち寄った後、不明となったという。曹操と異民族である烏桓の間で行われた白狼山《はくろうざん》の戦いは後漢末の二〇七年のできごとだ。つまり秦漢時代の碣石は二〇七年頃まではその位置が知られ、当時の人々の意識にあった。

丹後半島付近ではすでに縄文時代に外洋航海が可能なほどの丸木舟が造られていた。浦嶋子が海上交流に長《た》けた豪族と見られる以上、北九州から朝鮮半島を経て大陸まで出かけた可能性は十分に考えられる。

浦嶋子を二世紀の人と見るなら、彼が渤海沿岸に存在していた碣石の噂を聞き、訪ねることはできたはずだ。

四七八年のミステリーは意外な方向に転じた。その年、浦嶋子は蓬萊山に行かなかった。彼が蓬萊山へ出かけたのは、『丹後国風土記』に記された「三百年」を遡った一七八年だったのではないか——。

浦嶋伝説は二つの時代から考察しなければならない。伝説そのものが誕生した五世紀と、伝説の時代背景となった現実が潜む二世紀だ。

浦嶋伝説の背景を時系列的に整理してみる。

二世紀　　浦嶋子のモデルとなるシマコが渤海沿岸の碣石に出かけ、日本に神仙思想を伝えた？

四七八年　雄略天皇の中国使節を機に中国から神界訪問譚が伝えられた
二世紀のシマコをモデルに、三百年前の話とする浦嶋伝説が
誕生した

七一三～七一五年　伊預部馬養が地元の浦嶋伝説を収集し『丹後国風土記』に採
録した

七二〇年　『日本書紀』に浦嶋伝説が四七八年のこととして掲載される

浦嶋子は何者か――？　浦嶋伝説第七の不思議に対して、これまでわたしは「古代丹後の氏族である日下部首の遠祖」と考えてきた。

とはいえそれは『丹後国風土記』の冒頭部分に明記されていることであり、わたしの追跡は実質的には何も進展していないに等しい。

しかもその答えはぼんやりとして輪郭さえはっきりしない。もっと解像度を上げなければ浦嶋子の正体にたどり着くことは難しいだろう。

だが今や、実在した浦嶋子探しは、二世紀の弥生時代後期に絞られた。

そこから浦嶋伝説、最後の謎の扉が開かれていく。

第八章　浦嶋子の正体

丹後の古墳群を調べる

実在した浦嶋子を二世紀の人としてみていく。

当時、日本は弥生時代の後半を迎えていた。大陸から伝えられた稲作文化は各地に広まり、鉄器が輸入されるだけではなく製鉄技術なども伝えられた。物質文化に加え、精神文化ももたらされた。不老不死を求める神仙思想もそのひとつだ。

中国大陸の渤海沿岸では神仙思想の聖地、碣石《けっせき》が知られた。皇帝らが行幸した海上楼閣が建ち並んでいたのは主に紀元前二世紀、前漢時代の武帝の頃までだが、以後も歴代の皇帝らの憧れの地であり続けた。

わたしは浦嶋伝説の現場へと足を運ぶことにより、浦嶋子は二世紀頃の丹後半島で、海上交流を推進した立役者だったのではないかという仮説を手にした。当時の遠洋航海は造船から航海まで、地域の人材、資材を投じての取り組みだったはずで、異国に直接出かけていたとなれば地方勢力というよりも独立した小国家のような存在だった。二世紀は卑弥呼が登場する直前に当たり、『魏志（倭人伝）』をみると倭にはすでに「百余国」の国々があった。

もし丹後からの外洋航海に主導的に関わっていたとするなら、浦嶋子は丹後王国を治める王だったと考えられる。だとすれば間違いなく墳墓に埋葬されたはずだ。

わたしは丹後半島に数ある古墳の中から浦嶋子の墳墓を探してみようと考えた。

まずは丹後半島に残る遺跡を俯瞰《ふかん》する。

やはり四世紀後半から五世紀前葉に造営された日本海三大古墳が目を惹く。墳丘長百九十八メートルとも言われる網野銚子山古墳を筆頭に、神明山古墳、蛭子山《えびすやま》古墳の存在は当時、丹後半島が日本海の中心地であったことを示す。だがそれらの古墳はいずれも未調査のままで被葬者の特定には至っていない。

日本海三大古墳はいずれも大和政権の象徴とされる前方後円墳である。前方後円墳は三世紀半ばに大和地方で造られ、卑弥呼の墓という説もある箸墓《はしはか》古墳を嚆矢《こうし》として、以後古墳時代を迎えた。

丹後半島に日本海最大の前方後円墳が造られた事実は、大和政権にとって丹後半島がいかに重要であったかを物語る。丹後には大和政権から送り込まれた有力者、あるいは朝廷に与《くみ》した地方勢力がいたことを暗示する。

日本海三大古墳は大和政権の栄華を示すものであるが、その一方で丹後半島の地方勢力から見ると独立性を奪われた負の遺産とも言える。その被葬者を丹後王国と結び付けることは難しい。王国とは独立性を保った政治体制のもとに支配される国家を指し、大和政権の領国を王国と呼ぶことはできないからだ。「丹後王国」は大和政権支配以前の存地勢力で、八世紀の律令制で誕生する「丹後国」ととは区別しなければならない。わたしが追跡すべきは、大和政権以前の丹後の支配者だ。実在した浦嶋子が丹後に生きたのはその二世紀なのだ。

弥生時代の丹後

古墳時代に造営された蛭子山古墳の近くで、その被葬者の祖先とも思えるような弥生時代の墳墓が発見された。日吉ヶ丘《ひよしがおか》遺跡（与謝野町）と呼ばれる方形貼石墓《ほうけいはりいしぼ》は長辺三十二メートル、短辺二十メートルもの大型墳墓で、弥生時代を代表する吉野ヶ里《よしのがり》遺跡（佐賀県）の北墳丘部に次ぐ規模だ。

発掘の結果、埋葬者の顔には管玉《くだたま》を縫いつけた布がかけられ、七百点近い碧玉《へきぎょく》製管玉が副葬されていた。

方形貼石墓はその名の通り、方形の墳丘に石を敷いた墳墓で島根県や鳥取県でも見られる。海上交流を活発に行い、日本屈指の大型墳墓を造り上げた権力者や地方王権の存在が浮かび上がる。

日本海側の方形墓としては他に四隅突出型墳丘墓《よすみとっしゅつがたふんきゅうぼ》が知られる。墳丘の四隅がヒトデのように突出した墓だ。その分布には奇妙な特徴がある。中国山地や出雲から越《こし》（北陸地方）にかけて見られるが、但馬や丹後、若狭にはなぜか存在しない。丹後半島を中心とする地域には方形貼石墓にこだわる勢力がいた。そこに強烈な個性が滲み出ており、丹後王国の独自性を思わせる。

前方後円墳を大和政権の象徴とするなら、方形貼石墓や四隅突出型墳丘墓なども それぞれの地方王権の象徴と考えてみることはできるだろう。日吉ヶ丘遺跡の方形貼石墓が造られた弥生時代中期、丹後にはすでに独立した地方勢力が出現していたことになる。浦嶋子の二世紀はそこから時代を少し下った弥生時代後期だ。大和政権の支配下に置かれる三世紀半ばの直前に当たる。

浦嶋子の墳墓、絞られた三候補

浦嶋子の墳墓を探そうとする場合、三つの条件が考えられる。丹後王国の支配者にふさわしい規模の墳墓であること。海とのつながりを感じさせること。大陸との交流の痕跡を留めること。『京丹後市史本文編　図説京丹後市の歴史』を参考に、わたしは条件に適う遺跡を出土物などから三つに絞った。

1　大風呂南《おおぶろみなみ》一号墓
2　赤坂今井《あかさかいまい》墳墓
3　大田南《おおたみなみ》五号墳

1と2は二世紀から三世紀初めの弥生時代後期の墳墓だ。

大風呂南一号墓では被葬者を埋葬した木棺が舟形であった。何より海との強いつながりを感じさせる。副葬品には蒼さが際立つガラス釧《くしろ》（腕輪）、九州産の銅の腕輪、南海産の貝の腕輪、ガラス勾玉《まがたま》と碧玉製管玉を用いて作られた首飾りなどがあった。それらは被葬者の富ばかりか、広大な交易圏を物語る。同時に出土した十一本の鉄剣を含む鉄製品には、朝鮮半島から渡ってきた希少な品を手にできた王者としての威厳が滲む。

大風呂南一号墓は丹後王国のリーダーの墓であること、海との関わりや大陸との深い関係性を感じさせ三条件の全てが満たされている。

赤坂今井墳墓に惹かれるのは、その規模の大きさと秦始皇帝との関係を感じさせる出土品からだ。長さ十四メートル、幅十・五メートルもある墓穴に木棺が収められ、その規模は弥生時代後期末葉の墳墓としては国内最大級を誇る。また出土した頭飾りは深緑色のガラス勾玉、淡い青色のガラス管玉、碧玉製管玉などを三百点組み合わせ、贅を尽くして作られたものだ。ガラス管玉には秦の始皇帝の兵馬俑の彩色と同じ「漢青《ハンブルー》」と呼ばれる人工顔料が使われている。神仙思想に耽溺《たんでき》し、渤海沿岸に碣石宮を建造した始皇帝との縁を感じさせる出土品は何よりインスピレーションを刺激する。

赤坂今井墳墓の出土品は丹後王国の最盛期を飾るにふさわしいものだが、頭飾りという女性特有の副葬品からそこに埋葬されたのは女性とみなされている。

一方、3の大田南五号墳は四世紀後半のものだ。候補に加えたのはそれが前方後円墳ではないという点からだ。独立した丹後王国の名残りを感じさせる。五号墓から中国由来とみられる青龍《せいりゅう》三年銘方格規矩四神鏡《ほうかくきくししんきょう》が出土した。青龍三年とは魏の年号で、西暦二三五年に相当する。卑弥呼が銅鏡百枚を得た景初《けいしょ》三(二三九)年とも近い。この五号墳以外に二号墳からは画文帯環状乳神獣鏡《がもんたいかんじょうにゅうしんじゅうきょう》と呼ばれる中国鏡も出土した。当時の丹後半島で大陸由来の銅鏡を手にした王を浦嶋子の候補とみておきたい。難点を挙げるとすればやはり時代がずれていることだ。

浦嶋子の墳墓として候補に挙げた三つの遺跡を、出土した遺物から選別するのは難しい。そこで二〇一七年十一月、わたしは三つの墳墓を実際に歩いてみることにした。

現場検証へ

候補に挙げた古代墳墓のうち、大風呂南一号墓は丹後半島東部の沿岸に位置し、赤坂今井墳墓と大田南五号墳は内陸部にある。

最初に訪れたのは、内陸に位置する赤坂今井墳墓だ。網野町から府道一七号を進み、日本海に注ぐ福田川を遡ると台形状の盛土が見えてくる。墳丘の高さは五メートル、一辺およそ四十メートルもある。側面に切られた階段を上ると、頂上は草木が綺麗に伐採された平場だった。

発掘された当時の状況から、祭壇を思わせる平場には大きな五本の柱が立てられていたようだ。地面には小さな丸石と破壊された土器の破片が敷かれ、東海地方から運ばれた土器も交じっていた。そこに長さ十四メートルもの墓穴が掘られ、朱の顔料がまかれた。土器を壊すことや朱をまくことは当時よく見られた葬送儀礼だ。始皇帝の兵馬俑と同じ漢青の頭飾りはその墓穴から出土した。

規模といい、副葬品の豪華さといい、被葬者は丹後王国のリーダーと呼ぶにふさわしい。だが現場に立ち、奇妙な疑問が立ち上がる。

何よりその立地だ。墓は左右の山地が迫る狭隘《きょうあい》な谷間に位置している。丹後半島の奥まった内陸部で目立たない場所にある。王墓の有りようとしては、どこかエジプト王が埋葬された王家の谷を思わせる。勢力誇示とは真逆の、むしろ秘匿された墓とみるべきだ。

その印象は大田南五号墳を訪ねても変わらなかった。府道六五六号沿いに位置する竹野川近くにあるが、やはり奥まった内陸の高台なのだ。残念ながら大田南五号墳は採石場となり、遺跡の山地そのものが崩されてしまっていた。

卑弥呼と同時代の青龍三年銘方格規矩四神鏡が出土した遺跡ではあるが、現場は見る影もない。

『京丹後市史本文編　図説京丹後市の歴史』の解説によれば、丹後の弥生時代の墳墓は集落がある平野を見下ろす丘陵の上に営まれていた。それはあえて集落の中心部に造られ、威光を見せつける前方後円墳とは対照的だ。

丘の上に墓が造られている点は、最後に訪れた大風呂南一号墓も同じだ。丹後半島の東部、与謝野町岩滝《いわたき》に位置し、平野部を一望する山地にある。

遺跡を探して近くまで行ったものの、居並ぶ山はどれも同じように見え、たどり着くまでに手間取った。また遺跡の敷地には電波鉄塔が立っていた。これでは往時を偲《しの》ばせる景観になど出会えそうもない。現場に足を踏み入れても鉄塔を見に行くだけのことではないか——。

案の定、鉄塔を囲んでいる鉄柵に前途を阻まれた。遺跡の説明が掲げられてはいたが、施錠され柵内には入れない。ところが鉄柵の向こうを見つめると、ちらりと海が見えた。


天橋立を遥拝していた？

海が見える墓地なら浦嶋子と結び付くのではないか——。第六感が騒ぎ出す。

わたしは海の見え方を確かめようと柵の反対側に回り込もうとした。鉄柵には蔓草《つるくさ》ばかりか蜘蛛の巣までからみ付いている。容易にはたどり着けないが、足を一歩前に踏み出すたびに海がはっきり見えてくる。

そしてついに柵の反対側に立った。眼下に阿蘇海《あそかい》が広がる。内海であるため波立つこともなく、鏡のような水面が蒼く輝いて見える。

その先に海を横切る一本の線が走っていた。日本三景のひとつ、天橋立だ。天橋立は宮津湾と阿蘇海を南北に隔てる全長三・六キロメートルの細長い砂嘴《さし》だ。その珍しい形から天上と地上をつなぐ梯子だったという神話が残されている。

遺跡から天橋立が見える！　そこに重要な意味が潜んでいるように思えた。大風呂南一号墓は天橋立を遥拝する場所に意図的に造られたのではないか――。

大風呂南一号墓の被葬者は海と関わりが深く、その点は赤坂今井墳墓や大田南五号墳と明らかに異なっている。

遺跡に立ち、出土物からはうかがい知れない被葬者の属性が見えてきた。浦嶋子の墓の候補に挙げた三つの墳墓は、いずれもその規模と豪華な副葬品から海上交易に長けた王者の威光を示す。だが現場を歩いてみると三つのうち、二つは海に背を向けた内陸に置かれていた。

大風呂南一号墓に眠る被葬者は海との直接的な関係を感じさせる。いや、海ばかりか、天橋立とも関わりがありそうだ。

浦嶋子の墳墓としては大風呂南一号墓こそふさわしい。現場を歩き、その思いは強くなった。

浦嶋ブルーのガラス釧

次に丹後を訪れたのは三年後の二〇二〇年だった。

現場検証で得た確信を元に、わたしは大風呂南一号墓についてもっと詳しく知りたいと思っていた。与謝野町立江山《こうざん》文庫の収蔵庫に出土物が保管されていると知り、文化財保護係の加藤晴彦さんを訪ねた。

発見当時から人々の注目を集めているのが国の重要文化財に指定されたガラス釧だ。

加藤さんが保存箱の蓋を開けると、中から蒼いガラスの腕輪が姿を現した。

わたしは許可を得て手に取ってみることにした。手袋をはめ、持ち上げると腕輪は透明感あふれるライトブルーに輝いた。

「浦嶋ブルーですよ」

わたしは思わず感嘆の声を上げた。

ガラスの中に気泡が残り、それは水中に漂う泡沫をイメージさせる。差し込む光の角度を変えると、色調や表情が変わっていく。海の美しさや神秘をたたえる宝物だ。探し求めていた浦嶋子の形見をついに手にしたような感動が湧き起こった。

改めて手のひらに載せて形を確かめる。断面が五角形をしており、腕輪としては大きく、重い。『北近畿の弥生王墓・大風呂南墳墓』(肥後弘幸著)によれば、正確なサイズは外径九・七センチメートル、内径五・八センチメートル、厚さは一・八センチメートル。重さ百六十八グラムだ。わたしが身に着けている金属製腕時計はおよそ百三十九グラムある。腕時計としては大きめなものを使っているが、ガラス釧はそれよりも重い。

加藤さんはガラス釧が装飾品ではなかったとみる。

「流通していた装身具ではなく、宝器として納められたものでしょう。弥生時代のガラス釧は全国でも数点しか見つかっていないレアものなんですが、中でも完形品はこれだけです。まさに唯一無二の存在です」

弥生時代の遺物としては三角縁神獣鏡《さんかくぶちしんじゅうきょう》や銅鐸が有名だが、出土した点数はすでに数百点を超えている。それに比べるとガラス釧は北九州、出雲、丹後の三カ所からわずか八点を数えるだけだ。いかにレアかがわかる。

大風呂南一号墓出土のガラス釧はどこからもたらされたのか。奈良文化財研究所により行われた蛍光X線分析の結果、素材はカリガラスと結論付けられた。

当時の日本では製造できないもので、海外由来の品とみて間違いない。加藤さんによればその来歴について二つの説があるという。後漢期のベトナムの墓から形状が似たガラス釧が発見されている点から東南アジアを由来とする説。もう一つは大風呂南一号墓でガラス釧が被葬者の胸部に置かれていたことから、それと埋葬のされ方が似ている中国にルーツを求める説だ。

ガラス釧以外にもガラスの勾玉十点、緑色凝灰岩管玉《りょくしょくぎょうかいがん》が二百七十二点。それらの装飾品に加え、南海産のゴホウラ貝で作られた貝釧が目を引く。日本では奄美大島以南の珊瑚礁に生息する貝殻を輪切りにして製作されたものだ。瀬戸内海の浦嶋伝承地、香川県詫間町でも出土していたが、出土例としては丹後が最北に当たる。またその貝釧を模した銅釧が十三点出土している。

珍しい漁具の副葬品

その他の副葬品は十一本の鉄剣、鉄鏃《てつぞく》四点といった武器。十一本もの鉄剣は同時代の他の遺跡の出土数と比べても多い。また注目すべきは、他でほとんど見かけることがない漁撈具《ぎょろうぐ》の鉄製ヤスだ。長さ九センチメートルほどの針状をしていて、先端から二センチメートルほどのところに逆刺《かえり》がある。それを三本組み合わせて柄の端に糸で巻き付けられていたようだ。

骨角器としては縄文遺跡からも出土しているが、権力者の墓の副葬品としては特殊だ。鉄製であることから刀剣同様、武器とみることもできよう。だがそれはあくまでも漁具である。地域の漁業を振興した被葬者に対し、死後は守護神として見守ってほしいという人々の願いが込められているように思われる。丹後から伊勢へ遷座した豊受大神《とようけのおおかみ》同様、この墳墓の被葬者も御饌都神《みけつかみ》のように扱われていたのかもしれない。

鉄製ヤスは丹後以外では、壱岐の原の辻遺跡、カラカミ遺跡、さらに近年、淡路島の舟木《ふなき》遺跡から出土した。それぞれ弥生時代の遺跡として時代が重なるが、何より丹後、北九州、大阪といった最古の浦嶋伝説と深い関わりがある場所だ。

壱岐は対馬と並び、日本と大陸をつなぐ海路上に位置する。浦嶋子を論ずる上で北九州は外せない。亀卜《きぼく》が伝わる対馬に加え、丹後と同じ鉄製のヤスが壱岐から出土した事実は浦嶋伝説とその海道の密接さを示している。

また淡路島から出土した鉄製ヤスも浦嶋伝説との関係を滲ませる。『御伽草子』の中で浦島太郎はゑしまが磯でカメを釣り上げる。ゑしまが磯は淡路島の絵島に比定されることから、大阪湾を舞台とする浦嶋伝説と重なるが、同地から出土した鉄製のヤスはより具体的な符合となり意味深長だ。それは南九州から北九州、瀬戸内海や日本海を海路でつなぎ、各地に海神宮訪問譚を残した日置氏や日下部氏の足あとを連想させる。一号墓からは鑿《のみ》も発掘された。それも弥生時代の遺物としては極めて異色の存在だ。船を建造する道具だったのだろうか。

大風呂南一号墓で出土した鉄製品は朝鮮半島由来のものとみられ、出土品全体では、朝鮮半島、中国大陸、沖縄、さらにはベトナムにまで交易範囲が広がる。

一号墓全体の大きさは東西二十七メートル、南北十七メートルに及び、被葬者は長辺四・三メートル、短辺一・三メートルもの舟形木棺に納められ埋葬されていた。

被葬者と共に埋葬された副葬品は、銅製の腕輪と南海産の貝輪が頭の上方に、ガラス勾玉と緑色凝灰岩製管玉の首飾りが頭の周辺に、鉄剣や鉄鏃、漁撈具は身体の両側、浦嶋ブルーのガラス釧は身体の中央部に置かれていた。それらは被葬者の生前の活躍を鮮やかに映し出す。

また一号墓の近くにはより小規模の二号墓も発見され、五基の埋葬施設が発掘された。小児の墓も含まれていたことから、王とその親族が埋葬されたものとみられる。一、二号墓は標高五十九メートルの丘陵上に位置し、丘の南側の尾根には他にも八基の台状墓が確認されている。

大風呂南一号墓の詳細を知れば知るほど、そこに埋葬された者は海洋交易国家として繁栄した丹後王国の王であることは明らかだ。

だがそれだけでは彼が浦嶋子であるとまでは言えない。浦嶋伝説の根底にあるのは、自ら蓬萊山に出かけた航海者としての勇姿と、悲恋物語とともに語られる儚《はかな》き存在という二つの側面である。わたしは角度を変えて検証しなければならない。

大風呂南一号墓の被葬者、あるいはその同時代人が、丹後から大陸へ直接出かけた証

大風呂南一号墓の埋葬施設と副葬品の出土状況。舟形木棺の底に水銀朱がまかれ、その長方形の範囲に副葬品が埋蔵されていた。中でも遺体中央に置かれたガラス釧は生前の被葬者の身分を象徴する宝器であった／与謝野町教育委員会提供

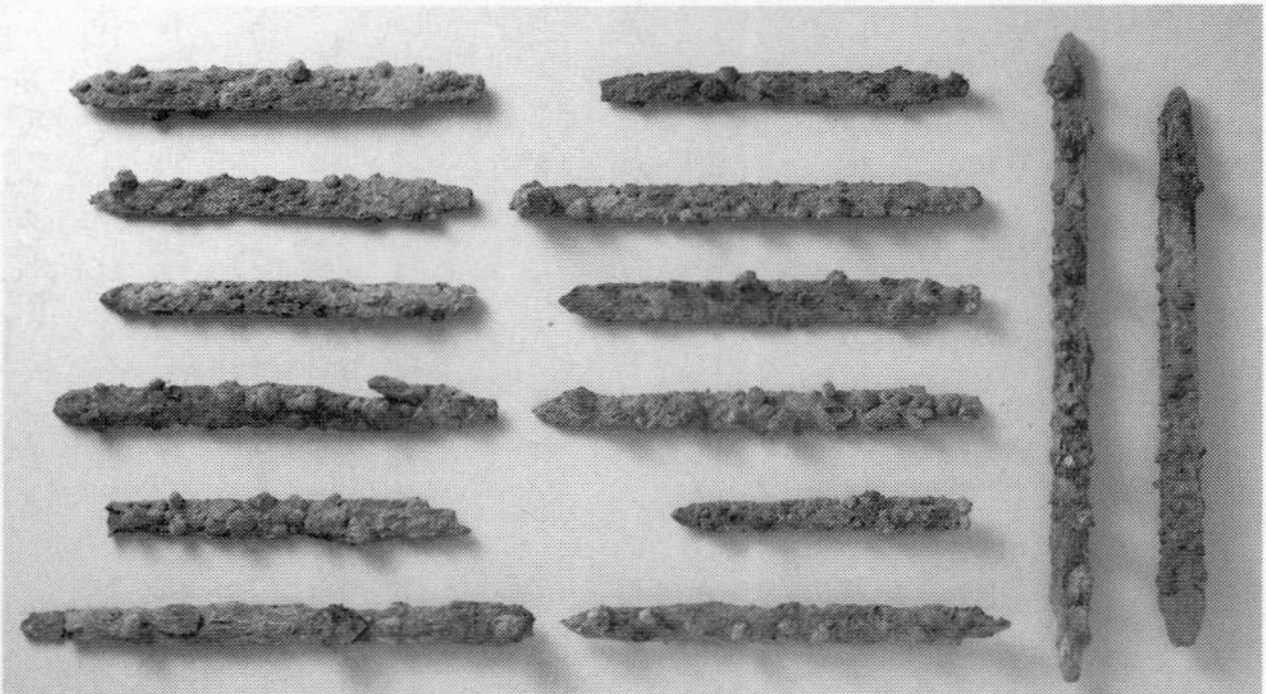

大風呂南一号墓から出土した鉄剣。鉄製品が貴重であった弥生時代後期、一つの埋葬施設にこれほどの数の鉄剣が副葬された例は少なく、強大な王者としての偉容を誇る／与謝野町教育委員会提供

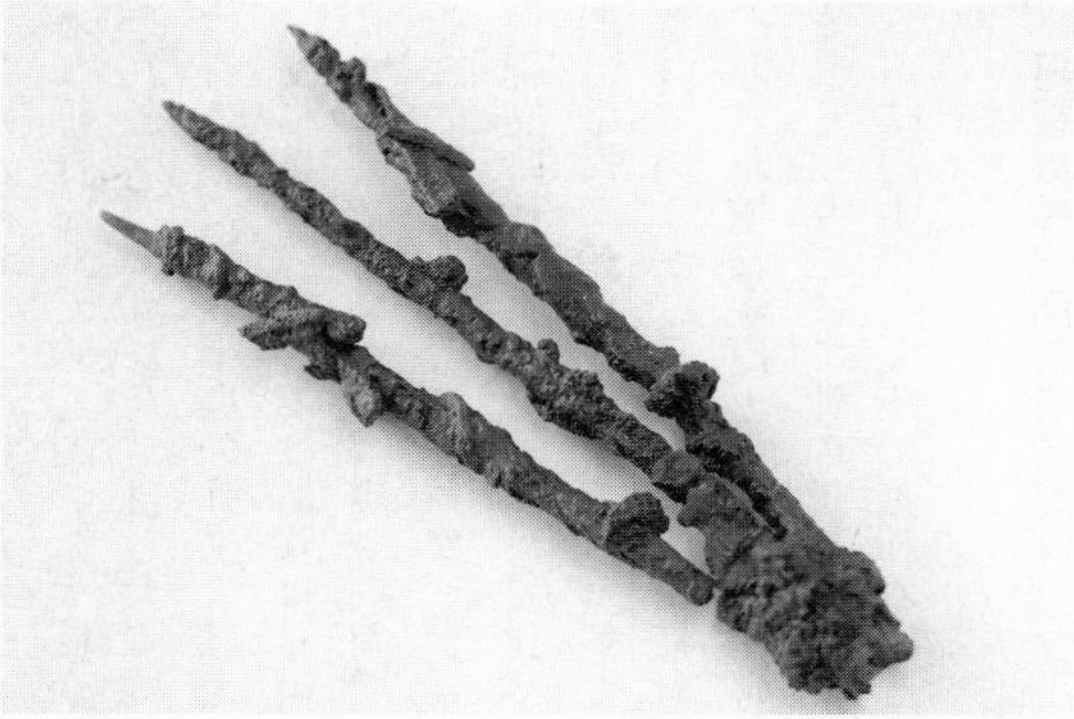

鉄製のヤス(漁撈具)。逆刺を持った棒状の柄を３本組み合わせたもので、基部は糸巻きと黒漆で固定されている。弥生時代の副葬品としては極めて珍しい（大風呂南一号墓から出土）／与謝野町教育委員会提供

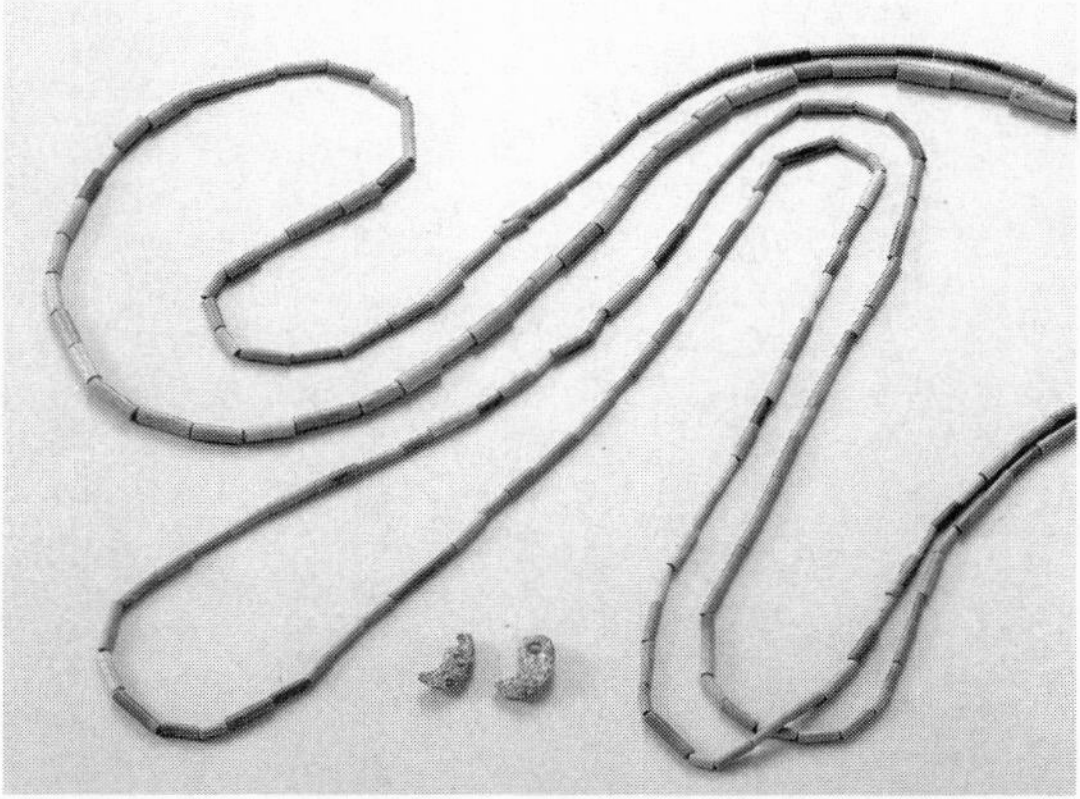

管玉とガラス勾玉。良質の緑色凝灰岩で作られた管玉は碧玉とみまがうほど色鮮やかで、出土した272点の管玉をつなぐと256cmの首飾りになった。本来は濃い緑色をしていたガラス勾玉は弥生時代後期後半に丹後半島で数多く流通した（大風呂南一号墓から出土）／与謝野町教育委員会提供

拠はあるのか――。大陸系の出土物から海上交易に積極的に携わっていたことはわかった。だがそれらを手に入れることと、実際に出かけるのはまた別の話だ。弥生時代に日本に稲作をもたらしたのは大陸からの渡来人だった。だが浦嶋伝説が伝える話の意味は、それとは逆の流れだ。自ら大陸に行ったという体験が織り込まれている。その話を裏付けるように丹後半島の弥生人は大陸へ行くことができたのか――。

交易は一方通行ではあり得ない。ギブ・アンド・テイクの関係が成り立つからこそ成立する。豪奢なガラス釧や鉄剣、南海産の珍しい貝釧はなぜ丹後にもたらされたのか。それに見合うほどの「ギブ」、つまり輸出品がなければ成り立たない。

縄文時代の素朴な丸木舟に比べ、弥生時代になると船は格段に進化していた。当時の船は準構造船と呼ばれる大型船だ。大阪府八尾市の九宝寺《きゅうほうじ》遺跡などで船体の一部が発見されているが、丹後半島、京都府京丹後市弥栄町にあるニゴレ遺跡からは準構造船をかたどった埴輪が出土した。丸木舟の両脇に舷側板《げんそくばん》をはめた簡単な造りだが、船首と船尾を高く反り上げて波の抵抗を抑える工夫が施されている。

当時、すでに大陸に渡れるほどの船があったことは間違いない。

丹後の輸出商材を発見

わたしはさらなる手がかりを求めて京丹後市立丹後古代の里資料館を訪れた。資料館の前にはこんもりとした山のような神明山古墳が横たわる。その場にふさわしく、弥生時代から古墳時代にかけて海上交易で栄えた丹後王国をキーワードとする歴史資料館だ。常設展示の中に疑問を解く鍵が見つかった。

弥生時代の丹後半島には水晶玉を作る工房があった。京丹後市弥栄町にある、弥生中期に遡る奈具岡《なぐおか》遺跡だ。材料となる原石だけではなく、製品として完成する以前の、加工途中の水晶、さらには穴を開けるための鉄針や石針などの道具が発掘された。そして奇妙なことに丹後半島からは完成した水晶玉はほとんど出土していない。

丹後半島で製造された水晶玉はどこへ運ばれたのだろうか。

『古代の日本海文化』（藤田富士夫著）には次のような推論が書かれている。

　朝鮮半島では水晶の産出があるにもかかわらず、現在のところその製作遺跡や未成品の出土を寡聞にして知らない。（中略）水晶勾玉もまた日本海沿岸で製作され、朝鮮半島に渡ったものの候補と考えておきたい

朝鮮半島で発掘された水晶玉は南部の慶州新羅の古墳に多く、時代は下るが四世紀後半の皇南里第八二号墳などからの出土例が知られる。

丹後半島から水晶が大陸に運ばれたのだろうか。『魏志（倭人伝）』によれば卑弥呼の

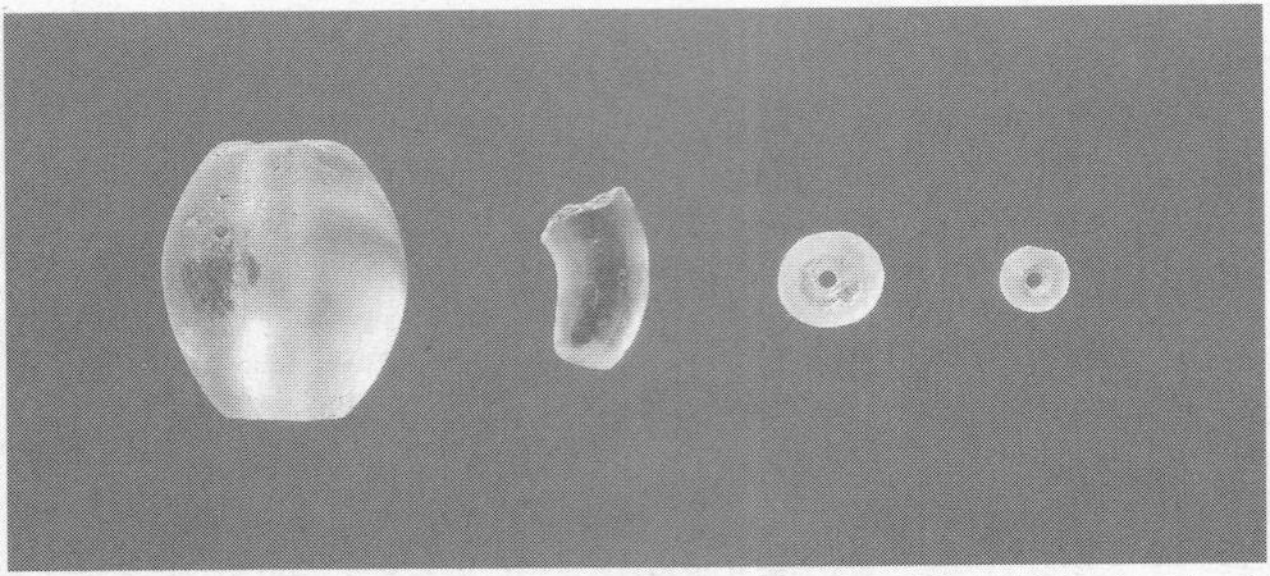

奈具岡遺跡で生産された水晶製玉。やや透明度の低い水晶塊を素材としており、その白濁した特徴は日本から中国に送られたと『魏志(倭人伝)』に記される白珠とも合致する／公益財団法人 京都府埋蔵文化財調査研究センター提供

奈具岡遺跡の水晶製玉作りの過程と鉄・石製の穴を開ける工具。奈具岡遺跡での完成品の水晶玉の出土が少なかったことから、輸出用に生産されたものとみられる／撮影：出合明　公益財団法人 京都府埋蔵文化財調査研究センター所蔵　大阪府立弥生文化博物館提供

後継である壱与《いよ》（台与とも）は魏に「白珠五千」を貢物として献上した。『魏志（倭人伝）』には別に真珠が出てくることから、白珠《しらたま》は水晶とみられる。また『後漢書（倭伝）』にも倭は白珠を産出すると書かれている。

丹後半島で加工された水晶玉が、朝鮮半島や中国大陸で珍重されていた。だとすれば水晶こそ当時の丹後王国の人が大陸の人々と交易を行なった最重要商材のひとつだったに違いない。

丹後王国と中国大陸にはお互いの文物を持ち寄って交流する必然性があった。大陸の人々は丹後の水晶を求めた。一方、丹後には鉄器、ガラスといった文明の利器、稲作技術や神仙思想などが伝えられた。双方の需要と供給を説明できる文物が存在し、丹後王国が自立した国家として海上交流を行っていたとみる根拠は揃った。

大風呂南一号墓に眠る王

浦嶋子が埋葬された地として、大風呂南一号墓を最有力候補とする確信はいっそう高まった。わたしはこれまで検証してきた遺跡とそのサイドストーリーに浦嶋子を当てはめて考えてみた。

二世紀に生きた丹後王は自国で製造された水晶を船に積み、航海に出た。途中、寄港した朝鮮半島南部で水晶と補給物資を交易し、目的地の中国、渤海沿岸をめざした。そこはかつて秦始皇碣石宮を始めとする十七の海上宮殿が立ち並んだ神仙思想の聖地だ。丹後の水晶と引き換えに、彼は中国から稲作文化や製鉄技術、神仙思想といった先進文化を手に入れた。帰国ルートは往路を逆に辿り、寄港地の朝鮮半島から東シナ海を渡って日本に帰り着く。

丹後王国の繁栄を最高潮に高め人々の尊敬を集めたことから、彼は『魏志（倭人伝）』に記された伊都国や奴国の有力者のように「シマコ」と呼ばれていたのではないか。

だが時代とともに潮目が変わる。

「桓靈間　倭國大亂　更相攻伐　歴年無主」（『後漢書（倭伝）』）

桓帝・霊帝の治世中（一四六—一八九）倭国は大いに乱れ、互いに攻め合い、何年も支配者がいなかった

二世紀の日本では倭国大乱と呼ばれる動乱の時代が幕を開けていた。三世紀に卑弥呼が登場し、統一国家としての大和政権が誕生するその前夜にあたる。

乱世は日本だけではない。後漢でも一八四年に勃発した黄巾《こうきん》の乱など民衆反乱が相次ぎ、二二〇年の王朝終焉へと向かっていく。同様に朝鮮半島でも高句麗《こうくり》や扶余《ふよ》など北部での対立が起こり始めた。

シマコは再び異国へ行くことができなくなり、芽生えた恋も実ることはなかった。彼の死後、シマコの存在は人々の記憶に残り、やがて伝説の主人公、浦嶋子として語られるようになる。浦嶋神社の延年祭で歌われる戌亥の歌には、浦嶋子が大陸へと出かけた記憶が封じ込められた。

丹後から見てちょうど北西、戌亥の方角に神仙思想の聖地、碣石が位置している。浦嶋子はこの世に存在する蓬萊山にたどり着いた。彼は足のくるぶしまで満ち満ちてくる酒を求めた。不老長寿をもたらすと言われる秘薬だ。

歌にデュエットのように絡む言葉には、別れを惜しむ乙女の気持ちが秘められている。韓国語で解読できるその言葉から、浦嶋子が恋に落ちたのは航海途中で立ち寄った朝鮮半島南部の女性だったのだろう。

コノゴゼノ　イヌイノ　スミニ　ツボナナツ　ヤッツ……
タッカシノ　ヒノイデマシマス　トウジンバラ　ヌーケソ　ノーカイソ……
チョウツンブリ　サンサラナミ。

この御殿の　戌亥の隅に　つぼ七つ　八つ
もう行ってしまうの　日本の唐仁原（故郷）へ　もう一晩　ゆっくりしたら

足のくるぶしまで　酒の波がさらさら、さらさらさらり

時代の流れの中に一つの恋は飲まれ消えた。
だがシマコは浦嶋子として神となり、永遠に語り継がれる不老不死を得た。
浦嶋神社の延年祭で毎年、姿を見せる仮面の老人は誰か——。
ついにその仮面をとる時がきた。
浦嶋子とは大風呂南一号墓に眠る、二世紀に繁栄を築いた丹後王国の王だったのだ。

第九章　日本書紀の陰謀

浦嶋伝説、謎のラスボス

光は影を作り出し、闇を一層濃くもする。

浦嶋子の謎を解くことで、わたしは四七八年のミステリーには死角が存在していることに気付いた。

四七八年に中国へ渡ったのは雄略天皇の使節であり、丹後から常世とされる伊勢へ向かったのは豊受大神であった。結局、浦嶋子はその年どこにも行っていない。

では、なぜ『日本書紀』の筆者は「浦嶋子は四七八年に蓬萊山へ行った」と書いたのか――。残されたこの謎こそ、浦嶋伝説の謎におけるラスボス（最後の難関）なのだ。

『日本書紀』の雄略天皇の条を開いてみる。

雄略二十年　高句麗の王、兵を起こして百済を滅ぼす
雄略二十一年　百済の復活
雄略二十二年　浦嶋子、蓬萊山へ行く
雄略二十三年　百済の王子、末多《また》王を帰国させ、王位に就ける

緊迫する朝鮮半島情勢の記述が並ぶ中、どう見ても雄略二十二(四七八)年だけが浮いている。『日本書紀』の筆者は何かを隠匿するために浦嶋子の話と差し替えたのか。それとも何かの隠喩なのか——。

まずは雄略二十二(四七八)年がどのような時代であったかを確かめてみる。

弥生時代に始まった稲作は富を蓄えた地方豪族を数多く生み出し、その中から大和政権が統一国家を模索し始めた。日本の古代国家の礎を築いた聖徳太子が歴史に登場してくるのが五九三年だから、その百年も前に当たる。

その頃、まだこの列島には日本という名前がなく、対外的には倭と呼ばれていた。各地に群雄割拠《ぐんゆうかっきょ》していた地方勢力を治めたのが大和政権で、仁徳《にんとく》天皇は絶大な権力の象徴ともいえる日本最大の前方後円墳に埋葬されたとされる。

雄略天皇とは

『日本書紀』に浦嶋子が登場する五世紀は仁徳天皇の孫に当たる雄略天皇の時代だ。大泊瀬幼武《おおはつせのわかたけ》天皇とも呼ばれる雄略天皇は第十九代允恭《いんぎょう》天皇の第五子として生まれた。その生涯は兄弟や従兄弟合わせて五人を相次いで殺すという血なまぐさいエピソードから幕を上げる。天皇が複数の采女《うねめ》(侍女)との間に多くの子をもうけた時代であり、王位に就くためには異母兄弟同士の相続争いに打ち勝たねばならない。殺すか、殺されるかという過酷な現実を避けて通ることはできなかった。

その中で王座についた雄略天皇は河内国《かわちのくに》から勢力を東西へと広げていった。一九七八年、埼玉県行田市《ぎょうだ》にある稲荷山古墳《いなりやま》から「獲加多支鹵大王《わかたける》」と、雄略天皇の名前が刻まれた鉄剣が発見されたことから、その勢力は遠く関東にまで及んでいたことがわかる。

天皇を中心とする朝廷制度ができあがったのもこの時代だ。大和政権を中央で支えたのが伴造《とものみやつこ》、地方官として活躍したのが国造《くにのみやつこ》だ。それら天皇に仕える職掌が親から子へ、世襲制で受け継がれ、それぞれの立場から臣《おみ》、連《むらじ》、首《おびと》などという姓が与えられた。『丹後国風土記』の中では浦嶋子は日下部首の祖先とされる。

中央、地方で仕える臣僚たちの下には部を設けて人民が組織された。日置部以外にもたとえば海産物を天皇家に献上する海人部《あまべ》は各地の沿岸に設けられ、漁師たちがその中に組み入れられた。起源をたどれば部という制度は朝鮮半島の南にあった百済から伝わってきたもので多くの有能な渡来人たちも臣僚として起用され、日本に大陸のさまざまな文化を伝える役割を担った。

渡来人たちから得る武器や最新の技術、知識、制度を拠り所として臣僚制度を確立すれば王朝はより堅固なものになる。雄略天皇は朝鮮半島や中国大陸とのつながりが国内での支配権を強める鍵となることを理解していた。

だが、当時の朝鮮半島は日本にも劣らず動乱の最中にあり、高句麗、新羅、百済の三国が一進一退の攻防を繰り広げていた。百済と親交があった雄略天皇もその戦いに巻き込まれていく。

四七五年、高句麗が大軍をもって北から攻め入り百済の首都、漢城《かんじょう》が陥落した。滅亡の瀬戸際まで追いつめられた百済の文周王《ぶんしゅうおう》は新羅と倭に援兵を求めた。

四七七年、南下を余儀なくされたものの、百済は首都を熊津《ゆうしん》（現在の公州）に置いて辛うじて難局を乗り切った。ところが今度は王権内部で権力抗争が激しくなり、政情は混迷を深めていく。

文周王が死ぬと、四七九年、倭にいた末多が東城王《とうせいおう》として即位した。筑紫国《ちくしのくに》（福岡県）の兵士五百人が末多の護衛としてともに朝鮮半島へと渡っていった。

雄略二十二（四七八）年は朝鮮半島の戦火が日本にも飛火した乱世中にあった。やはり夢見心地な浦嶋伝説のイメージとは大きくかけ離れている。

外交の行き詰まりと新展開

雄略天皇は四七八年に中国へ使者を派遣した。彼が宋の第八代皇帝、順帝《じゅんてい》に宛てた親書は『宋書（倭国伝）』に記されている。

倭国はわたしの祖父（仁徳天皇）の時代から、甲冑《かっちゅう》を身にまとって山川を巡り、戦に休む間もなく、東は毛人《もうじん》の五十五国、西は衆夷《しゅうい》の六十六国、海を越えて朝鮮半島でも九十五国を保護下におさめた。またこうした発展とともに、中国皇帝に対しても、これまで代々表敬訪問を行ってきた。ここにわたしもおよばずながら倭国の王位を継いだので表敬使節を送ろうとした。倭国から宋に達するには、百済まで行って、そこから船に乗る。ところが高句麗が攻撃してきて略奪や殺人を働くので、行く手が阻まれ、良風をとらえられないまま時期を逸してしまった。亡き父済《せい》（允恭天皇）は航路を拓こうと高句麗攻略を計画したがわたしの兄共々命を落とした。父兄の遺志を継ぎ、わたしは高句麗遠征を前にしている。もし皇帝の威光のおかげで勝てたなら、以前のように友好関係を維持したい。

中国皇帝に宛てた親書は倭と高句麗の敵対関係を記した内容だった。この親書を携えた中国宋への使節派遣を『日本書紀』の四七八年、浦嶋子の箇所に当てはめると前後関係の収まりがいい。

親書を受けた宋は倭王武《わおうぶ》（雄略天皇とされている）に「使持節、都督、倭、新羅、任那、加羅、秦韓、慕韓六国諸軍事、安東大将軍、倭王」という長い称号を送った。一見、倭の朝鮮半島南部における軍事統轄権を認めたものであるかのようだが、実際のところ百済には鎮東大将軍、高句麗には征東大将軍と、倭の安東大将軍よりも高い位の称号が与えられていたので、形式的なものにすぎなかった。

雄略天皇の親書に見られるように、高句麗は朝鮮半島で勢力を拡大し、倭は衰退の一途をたどる。雄略天皇にとって中国への使節派遣は失敗といってよかった。現に、この使節を最後として日本と中国の往来は七世紀の遣隋使まで中断されてしまう。

息詰まった現状から、『日本書紀』の筆者は雄略天皇の威光を減じることを嫌い、派遣失敗を歴史から抹消しようとしたのかもしれない。それが「浦嶋子蓬萊山行き」なのか――。いや、簡単にはそうも言い切れない。

『古代を考える　雄略天皇とその時代』(佐伯有清編)によれば、雄略天皇が中国との国交中断に踏み切ったのは、大和政権の国家意識が芽生え、大国依存を脱したためだという。中華思想による中国天下の傘下から、日本における天下統一へ。

ゆえに四七八年の中国使節は単なる外交問題にとどまらない、大和政権確立に向かう歴史の一里塚と言っていい。そうなると『日本書紀』の四七八年に当てがわれた浦嶋子蓬萊山行きも、おそらく朝廷にとってエポックメイキングな国内事情を象徴しているはずなのだ。

八世紀に書かれた『日本書紀』の筆者にとって浦嶋子は伝説の人であった。浦嶋子を四七八年の人としたのは、浦嶋伝説がおよそ五世紀ぐらいの話という漠然としたイメージからだろう。伝説のモデルが存在したと思っていた節はないし、二世紀に生きていたことなど知りようもなかった。それだけに『日本書紀』という歴史書の中で、伝説の主人公が実在の人物のように扱われている点は見逃せない。そこには真意がきっとあるはずなのだ。

これまでの追跡と仮説、その検証から伝説の主人公、浦嶋子のモデルとされるのは二世紀に生きた丹後王国の王者だった。なぜ実在の人間は伝説の登場人物になりえたのか——。その道筋を逆にたどれば、八世紀の筆者が伝説の浦嶋子を歴史に転換した理屈もきっとわかるはずだ。

天橋立と大風呂南一号墓の関係を探る

二〇一七年十二月、大風呂南一号墓から天橋立が見えることを知ると、わたしはその足で天橋立へと出かけた。

弥生時代の赤坂今井墳墓や大田南五号墳、続く古墳時代の日本海三大古墳はいずれも丹後半島西部に位置する。一方、大風呂南一号墓があるのは反対側の半島東部だ。その理由を天橋立が握っているように思えたのだ。

日本三景のひとつに数えられる天橋立は、宮津湾を二分する全長三・六キロメートル、幅四十~百メートルの細長い砂嘴《さし》だ。室町時代の禅僧雪舟《せっしゅう》による『天橋立図』を見ると現在よりも短かったことがわかるが、青松と白砂が海上を駆けていく様子は変わらない。
天橋立の存在は古くから知られ『丹後国風土記』にも登場する。その物語は『釈日本紀』に伝わっている。

丹後国風土記に記している。与謝の郡。東北の隅に速石《はやし》の里がある。この里の海に長く大きな岬がある。（中略）初めの名を天橋立と名づけ、後の名を久志浜《くしのはま》と名づけた。国土をお生みになった大神であるイザナギノミコトが、天に通おうとして、橋を作ってお立てになった。それで天橋立と名付けた。イザナギノミコトがおやすみになっている間にその橋が倒れてしまった。イザナギノミコトは久志備《くしび》坐す（霊妙な動きが表れた）ことを不思議に思われた。それで久志備の浜と名づけた。これは後に久志と呼ばれた。東の海を与謝の海といい、西の海を阿蘇の海という。この両面の海に、種々の魚貝等が棲んでいる。ただし蛤は少ない。

現在の天橋立は股のぞきの景勝地として知られ、南側の天橋立ビューランドと北側の天橋立傘松《かさまつ》公園の両方に展望台が設けられている。股ごしに天橋立を見ると南では天に舞う龍のように見え、北では空に浮かぶ島のように見える。
それら二カ所を訪ねながら、神界にかかっていた橋はどちらが地面で、どちらが天に通じていたのかを調べてみた。砂嘴の北側が地続きで、南側が切り落とされて海に沈んでいる。切れた天橋立の対岸には智恩寺《ちおんじ》があり、その住所は宮津市文殊《もんじゅ》字切戸《きれと》という。「切戸」という地名から、そこが天界から切り離された扉と考えられていたことがうかがえる。天橋立は天上の神界に通じる入り口とみなされていたのだ。

大風呂南一号墓から天橋立が遥拝できるのは、そこに葬られた丹後王国の王者が他の支配者とは異なり、神格化されていたことを表しているのではないか——。

浦島ブルーとでも言うべき蒼いガラス釧、南海産ゴホウラ貝の貝釧、十一本もの鉄剣など、墳墓から出土したそれら遺物は大陸ばかりか南海にも通じた海上交易を示す。舟形木棺に納められた被葬者は丹後から遥か渤海沖にあるとされる蓬萊山へ行った伝説の浦嶋子と重なる。出土した漁具の鉄製ヤスも、伝説の中で舟に乗り、カメを釣り上げる漁師の浦嶋子を思わせる。

強大な丹後王国を築き上げた二世紀の王は、実在した為政者の中では飛び抜けて人々の尊敬を集めるカリスマ的存在だったのだろう。丹後王国にとってかけがえのないシンボリックな支配者だったゆえに神界とつながる天橋立に埋葬された。

それが浦嶋伝説のバックボーンにあることは間違いない。だがそれだけでは丹後王国の王と浦嶋伝説は接合しない。双方をつなぐジグソーパズルの失われたピースがあるはずだ。

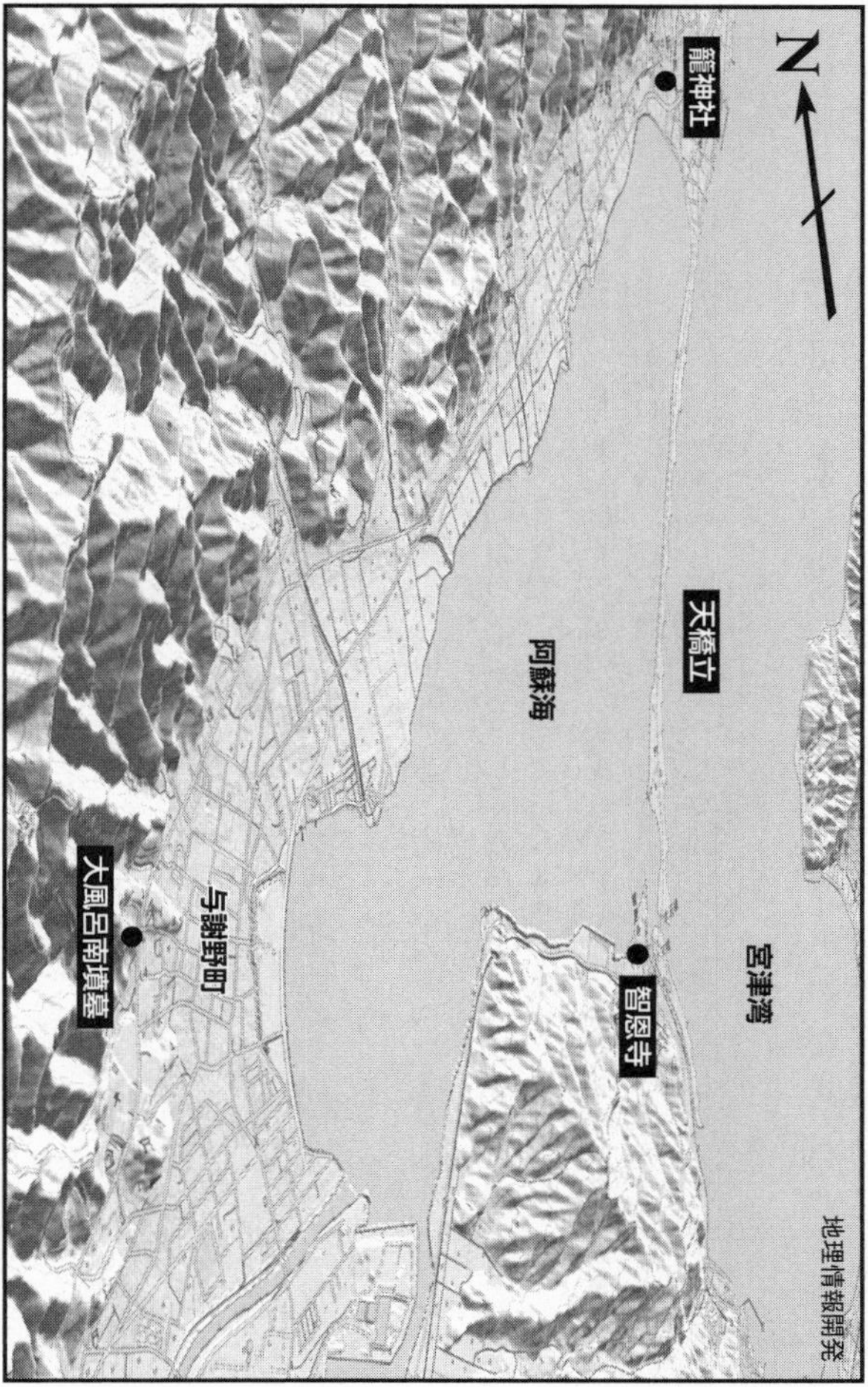

この地図の作成にはカシミール3D(https://www.kashmir3d.com/)と国土地理院の地理院タイル(標準地図)を使用しました。

蓬莱山に通じる中国の聖地

「秦帝国の形成と東方世界――始皇帝の東方巡狩経路の調査をふまえて――」（前出）をみると、六世紀に書かれた中国の地理書『水経注《すいけいちゅう》』（巻十四）に現在の河北省唐山《とうざん》市にあった碣石山のことが書かれている。それは渤海海上に突き出した岩で、橋桁のように延びていく姿から「天橋柱」と呼ばれていた。満ち潮の時には大海中に没したといい、その様子はまさに蓬莱山に通じる神門だ。秦漢建築群趾から直線距離でおよそ八十キロメートル南西にあったと推定される。

渤海湾の天橋柱は丹後の天橋立とよく似ている。中国の天橋柱は蓬莱山へ。丹後の天橋立は天界へ。どちらも神界に通じるゲートウェイであった。蓬莱山に出かけた浦嶋子と、天橋立に葬られた大風呂南一号墓の大王がここでピタリと重なり合う。

中国の天橋柱については日本の史料には登場しないが、中国から神仙思想をもたらした者の目にはそこが蓬莱山に通じる聖地と映ったはずだ。

大風呂南一号墓に葬られた丹後王国の王者――天橋立――天橋柱――蓬莱山――浦嶋子。

実在した王者が伝説の主人公に変貌した一本の線が浮上した。

天橋立を遥拝する地に埋葬された王は、天橋柱とつながる蓬莱山へ行った浦嶋子と同体とみなされ、伝説の主人公になったのだろう。

籠神社と豊受大神

では、伝説の主人公となった浦嶋子はなぜ『日本書紀』に登場したのか。次第に氷解していく氷山に引き寄せられていくように、わたしは天橋立の周辺を探った。天橋立の北側に籠《この》神社が鎮座している。天孫降臨したニニギノミコトの兄弟神である彦火明命《ひこほあかりのみこと》を主神とし、豊受大神、天照大神、わたつみの神、天水分神《あめのみくまりのかみ》を相殿神として祀る。

籠神社は伊勢に遷座した豊受大神を祀ることから元伊勢とも呼ばれる。きっとそこには四七八年のミステリーが封印されているに違いない。

籠神社の由緒によれば、彦火明命が籠船に乗って龍宮へ行ったことから籠宮《このみや》と呼ばれるようになった。その話のモチーフや祭神であるわたつみの神から、海幸山幸神話が色濃く反映されていることがわかる。宮司は現在にいたるまで八十三代も続く海部《あまべ》氏が務め、平安時代から始まる国宝の『海部氏系図』にその流れをみることができる。

豊受大神にちなむ聖域は籠神社の奥社である真名井《まない》神社とされ、伊勢に遷座した豊受大神が祀られていた。

『丹後国風土記』によれば豊受大神が鎮座したのは奈具神社であった。史跡月の輪田の近くには豊受大神を祀る比沼麻奈為《ひぬまない》神社があった。豊受大神が籠神社の奥社で祀られるのにも何か意味があるはずだ。

『「天橋立学」への招待――〝海の京都〟の歴史と文化』（天橋立世界遺産登録可能性検討委員会編）は籠神社に隣接する難波野《なんばの》遺跡で祭祀遺構が発見され、「年代はおおむね五世紀後半に収まる」としている。どのような祭祀が行われたかはわからないが、五世紀後半といえば豊受大神が丹後から伊勢へ遷座した四七八年と重なる。

豊受大神を常世へと送り出す祭祀を行う場所として、神界へとつながる天橋立こそふさわしい。丹後を離れていく豊受大神の御霊を鎮めるための神事だったと考えれば、その地に豊受大神を祭神とする籠神社が創建された理由が浮かぶ。籠神社は丹後一宮という社格からみても、丹後における大和政権の神威を示すような存在なのだ。

秘められた隠喩を読み解く

考古学が示す客観性が、曖昧な神話や伝説に具体性を与える。

古くから海上交易の拠点として繁栄し、弥生時代には独立した王国と呼べるほど強大化していた丹後は、大和政権が送り込んだ彦坐命によって武力的に支配された。丹後半島には巨大な前方後円墳が出現する。それらは大和政権の威光を誇示する建造物だ。丹後半丹後を抑えた大和政権は東国へと版図拡大を推し進めていた。丹後の豊受大神を伊勢に遷座させたのは伊勢神宮を精神的中心地とするためだ。それほど丹後の神は大和政権にとっては重要だったのだ。

丹後からは神が消えた。丹後王国にとって四七八年は落日のときであった。それにより丹後地方は軍事、政治ばかりか、宗教的にも完全に大和政権の版図に加えられた。

だが『日本書紀』の筆者は四七八年七月を「浦嶋子が蓬萊山へ行った」と書いた。なぜか――。豊受大神が「丹後を去った」のを同年同月としていることから、同じように浦嶋子も「丹後を去った」と読むべきではないか。つまり、それは丹後王国の完全な終焉を意味する隠喩なのだ。

閉じられていた扉が、今や音もなく開き始める。『日本書紀』の陰謀はそこにある。

浦嶋子去れり――。土地に古くから伝わる伝説の主人公を失うことは、神の遷座とはまた違った意味で、地元の人が心の拠り所を失い、王国消滅にとどめを刺されるも同然だった。

神話は守るべき最後の砦だ。どんな辺鄙《へんぴ》な地方であっても支配者がその土地に居つく正当性が神話によって裏書きされている。それは同じコミュニティに属する人たちをひとつに束ねる絆をも生み出す。為政者は領国の物語を支配することで、その正当性と絆を手に入れる。

『日本書紀』に記された四七八年の浦嶋子に関する記述は、大和政権が丹後王国を完全制覇したことを粛々と伝える一文だったのである。

丹後ばかりではない。『日本書紀』では隼人族支配を伝える海幸山幸神話、出雲王国の支配を伝える国譲《くにゆず》り神話など、地方王国の支配は神話によって語られる。大和政権は各地の現地勢力を制圧後、土着の神とその物語を日本神話に取り入れ、讃えることで大和政権の正当性を謳った。

つまり大和政権の丹後支配は浦嶋伝説によって物語られたのだ。

崩れ去った陰謀

世の趨勢《すうせい》として、敗者の歴史は埋もれる運命にある。勝者が書き換える歴史物語には敗者の歴史ばかりか、神話や伝説までもが呑み込まれてしまう。

例えば『古事記』と『日本書紀』に収録されている海幸山幸伝説はもともと九州に原型となる話が伝わっていたはずだが、日本神話化した物語に同化、吸収され記紀に残るもの以外は記憶の果てに消えた。

だが浦嶋伝説は少々様子が異なっていた。

地方の伝説として限りなくオリジナルに近い丹後系伝説は、大和政権による支配後も大阪系伝説に一本化されることなく存続し続けた。

浦嶋伝説が最古の伝説として二系統が伝わるのはある意味、奇跡と言っていい。なぜそのようなことが起きたのか――。

最古の浦嶋伝説が『古事記』に載っていない点から推論を立ててみる。

日本最古の神話である『古事記』が完成したのは和銅五(七一二)年だ。『古事記』に浦嶋伝説が掲載されていないのは、七一二年当時、筆者の太安万侶《おおのやすまろ》が浦嶋伝説を知らなかったからだろう。正確に言うなら、当時それは丹後地方の伝説のひとつにすぎなかった。『古事記』が完成する七一二年までの時点で、それが日本神話になっていなかった。

実際、八世紀に大和政権の関係者が浦嶋伝説の存在を知るのは七一三〜七一五年に完成をみた『丹後国風土記』が最初だ。それを抄録《しょうろく》した『日本書紀』が成立したのは七二〇年で、その時点で高橋虫麻呂は長歌「水江の浦の嶋子を詠める一首并に短歌」(七三二年頃)をまだ詠んでいなかった。

もし虫麻呂の歌が先行していたら、『日本書紀』の作者は間違いなく大阪系の伝説を採用したのではないか。『日本書紀』は大和政権の正当性を謳い上げるための書であるからだ。

だが現実にそうならなかったことで、オリジナルに近い丹後系伝説は『日本書紀』に記された。

日本神話の要素が加わって新たな大阪系の浦嶋伝説が誕生すると、二系統の伝説が伝えられ、故郷丹後にも少なからぬ影響を与えた。

大和政権の歴史書である『日本書紀』に浦嶋子は五世紀雄略期の人として登場するが、それは網野町などに日本海三大古墳の巨大前方後円墳が造営された直後だ。つまり浦嶋子は丹後の象徴的な存在と認識され、網野銚子山古墳の麓に浦嶋子の館跡が造られた。それは巨大前方後円墳が残る網野町の伝説となり、日下部首の末裔である森氏が守る網野神社に伝えられていく。そこで大和政権の伝説に組み入れられ、丹後における浦嶋伝説の中心地が網野になってもおかしくなかった。

だが丹後の浦嶋伝承地は二極化したまま存続の道を歩んでいく。

正史とされる『日本書紀』に丹後系伝説が採用されたことにより、丹後系伝説はもちろん、伊根町の伝承地にも正当性のお墨付きが与えられた。

浦嶋伝説の二極化を後世にまで引きずったのは他ならぬ『日本書紀』だったのだ。それにより伊根町がルーツを握る元祖、網野町がオーソライズされた本家といった立ち位置が決まった。

『日本書紀』が『丹後国風土記』の浦嶋伝承を公認し、日本神話化した『万葉集』の伝説と共存する。その曖昧さを背景として現代の昔話「浦島太郎」につながる変化が起きていく。

室町以後に完成した『御伽草子』では『丹後国風土記』と『万葉集』のモチーフが合

体し、「ウミガメ」「龍宮」「老人」というモチーフを含む統合版ができた。

昔話「浦島太郎」からは大和政権の影は消え去った。だが丹後で活躍した者が確かに存在したと匂わせる現代の昔話には、浦嶋子の姿がぼんやりとだが残されているように思う。

「四七八年、浦嶋子、丹後より去れり」

そのような記述で王国と王者の影を消し去ったはずの『日本書紀』の陰謀はもろくも崩れ去った。

物語は生まれては消え、変化を余儀なくされる。浦嶋伝説は昔話になった今も、ひとつの歴史を伝えようとしている。

かつて丹後に存在した豊かな丹後王国と、地域の繁栄を築くために自ら果敢に海に乗り出したリーダーのことを――。

浦島太郎は幾代もの波濤《はとう》を乗り越えて昔話の主人公になった、失われた丹後王国の王者であった。

エピローグ　失われた王国

かつて日本海には丹後王国が栄えていたという。発掘されたいくつかの古墳群と、記紀の中に在地王権を見出した門脇禎二氏の説により丹後王国論は活発化した。だが丹後の歴史には乗り越え難い高い壁が存在する。残された資料が浦嶋伝説、羽衣伝説、天橋立といったファンタジーである点だ。

神話や伝説、昔話は何のためにあるのか——。

これまでわたしは「物語を旅する」という旗標《はたじるし》のもと、架空の話に潜むリアリティを追いかけてきた。物語を生み出した現実の種を探り当てることで、話につけられた尾鰭《おひれ》ばかりか、語り継いできた人々の意志を浮き彫りにできる。自ずとそこに存在意義も見えてくる。

物語の種は必ずしも形ある物とは限らないが、浦嶋伝説の追跡ではすでに発掘が終わった遺跡の出土物や知見に支えられた。それら物的証拠と地元に残る祭礼や民俗とのつなぎ目を見つけ、失われた記憶を呼び覚まし、土地神ともいうべき精神風土を発掘するような試みだった。

だが種を探し当てるだけでは浦嶋伝説は読み解けなかった。それに二十年近くもの歳月を費やすことになったのは思わぬ伏兵に足をすくわれたためだ。

浦嶋伝説には解読困難な謎かけが施されていた。

首謀者は『日本書紀』に「四七八年、浦嶋子は蓬莱山へ行った」と記した筆者であり、四七八年は巧妙にしかけられた暗号であった。

世間で浦島太郎といえば昔話であり、子どものためのお伽話である。普段ほとんど顧みられることもない昔話に、失われた丹後王国が封印されていたとは――。

丹後半島が臨む日本海沿岸の地域はかつて裏日本と呼ばれ、明治期以後には歴史的にも地理的にも日本のメインストリームから外されてきた。古来、米や鉄など先進的な文物や思想が大陸からもたらされ、日本海が果たした役割の大きさを認識しない人はいないだろう。にもかかわらず日本史における丹後の位置付けが曖昧、部分的なものに留まっているのは、残された資料がファンタジーだからだ。

だが、浦嶋伝説というファンタジーこそが歴史の空白を埋める。

『日本書紀』は勝者である大和政権の歴史として浦嶋伝説を記し、領国化された丹後では遠い時代の祖先を讃える伝説として語り継がれてきた。その両者が表裏一体となり、丹後王国が浮かび上がってきた。

歴史は勝者が作り、伝説は敗者が作る――。

昔話『浦島太郎』はわれわれに丹後王国の光と影を今なお語りかけてくる。

謝辞

本書執筆にあたり、きっかけとなった講演会の機会を与えてくれた京丹後市関係者の皆様、浦嶋神社の宮嶋淑久さん、与謝野町教育委員会の加藤晴彦さんなど多くの方のお世話になりました。朝日新聞出版の松岡知子さんからは前作『浦島太郎はどこへ行ったのか』（新潮社）を踏まえつつ、丹後の古墳や古代史に軸足をおいた新しい本を生み出す原動力を与えていただきました。心から感謝申し上げます。

二〇二二年三月

高橋大輔

参考文献

青木茂編著『新修尾道市史　第四巻』尾道市役所　一九七五年
上松町誌編纂委員会編『上松町誌　第二巻　民俗編』二〇〇〇年
天橋立世界遺産登録可能性検討委員会編『「天橋立学」への招待』法藏館　二〇一七年
石原道博編訳『魏志』倭人伝『後漢書』倭伝『宋書』倭国伝（『新訂魏志倭人伝他三篇――中国正史日本人伝（1）』所収）岩波書店　一九九八年
市古貞次校注『御伽草子（下）』岩波書店　一九九八年
巖谷小波『日本昔噺』平凡社　二〇〇一年
伊藤清司『中国の神話・伝説』東方書店　一九五一年
伊藤博訳注『新版　万葉集　現代語訳付き（全四巻　合本版）』電子版　KADOKAWA　二〇一九年
伊根町誌編纂委員会『伊根町誌（上・下）』一九八四年、一九八五年
上里隆史『新装版　海の王国・琉球「海域アジア」大交易時代の実像』ボーダーインク　二〇一八年
宇治谷孟訳『続日本紀（上）全現代語訳』講談社　一九九二年
内田泉之助『漢詩選4　古詩源（上）』集英社　一九九七年

遠藤鎮雄編　『日本庶民生活史料集成　第二十九巻　和漢三才図会（二）』三一書房　一九八四年
大久保廣行　「歴史の窓から見通した高橋虫麻呂の軌跡」（『日本文学文化学会二〇一四年度大会講演録』所収）二〇一四年
大阪府教育委員会　『大阪府埋蔵文化財調査報告2007—6』　二〇〇八年
大西龍峯　「華厳経の成立流伝に関する古伝説——上中下三本説について——」『印度學佛教學研究　第三十三巻　第二号』　日本印度学仏教学会　一九八五年
岡田精司　『古代王権の祭祀と神話』　塙書房　一九七〇年
笠井倭人　「〈論説〉上代紀年に関する新研究」（『史林　三十六巻四号』所収）　史学研究会　一九五三年
笠沙町郷土誌編さん委員会　『笠沙町郷土誌　下巻』　一九九三年
加藤晴彦　「磯砂山十景」（『丹後国一三〇〇年記念事業記録集　丹後国遷政』所収）　与謝野町教育委員会　二〇一五年
門脇禎二　『日本海域の古代史』　東京大学出版会　一九九一年
狩野直禎　「発掘された副葬品から時代を知る　王侯貴族の生活ぶり」（『クローズアップ中国五千年　第2巻　統一王朝を築いた英傑たち』所収）　世界文化社　一九九六年
魏収撰　『魏書　一一四巻　欽定二十四史』　金陵書局　一八七二年
君島久子　「中国の民間伝承と日本」（『日本民間伝承の源流』所収）　小学館　一九八九年

京丹後市史編さん委員会『京丹後市史本文編 図説京丹後市の歴史』二〇一二年
熊谷治『東アジアの民俗と祭儀』雄山閣出版 一九八四年
黒板勝美編『新訂増補國史大系 第八巻 日本書紀私記 釋日本紀・日本逸史』吉川弘文館 一九六五年
黒板勝美編『新訂増補國史大系 第二十一巻上 水鏡・大鏡』吉川弘文館 一九六六年
黒板勝美編『「延喜式後篇」新訂増補國史大系 普及版』吉川弘文館 一九八一年
黒板勝美編『「交替式・弘仁式・延喜式前篇」新訂増補國史大系 普及版』吉川弘文館 一九八一年
黒嶋敏『中世の権力と列島』高志書院 二〇一二年
國學院大學大学院臼田ゼミナール「『浦嶋子口傳記』解題」(『民俗と文献 第一輯 若狭・丹後地方』所収) 一九七三年
国史大辞典編集委員会『国史大辞典』吉川弘文館 一九七九―一九九七年
小松茂美『日本絵巻大成22 彦火々出見尊絵巻 浦島明神縁起』中央公論社 一九七九年
佐伯有清編『古代を考える 雄略天皇とその時代』吉川弘文館 一九九五年
佐伯有清『新撰姓氏録の研究 考證篇 第二』吉川弘文館 一九八二年
坂本太郎他校注『日本書紀 (一)(二)(三)』岩波書店 一九九八、一九九六、一九九七年
司馬遷著 小竹文夫・小竹武夫訳『史記Ⅰ 本紀』電子版 筑摩書房 二〇一八年
下出積與『神仙思想』吉川弘文館 一九六八年

簫師鈴主編『中国古代文化遺蹟』朝華出版社　一九九五年
関晃『大化改新の研究　下　関晃著作集　第二巻』吉川弘文館　一九九六年
稲田義行『現代に息づく陰陽五行　増補改訂版』日本実業出版社　二〇一六年
千田稔・宇野隆夫編『亀の古代学』東方出版　二〇〇一年
滝山保勝会『～次世代に語り伝えよう～我らの宝　布引きの滝周辺の歴史史料集』二〇一五年
詫間町誌編纂委員会編『詫間町誌』一九五二年
武豊町誌編さん委員会編『武豊町誌 資料編二』一九八三年
田中卓『住吉大社神代記』（『住吉大社神代記の研究　田中卓著作集7』所収）国書刊行会　一九八五年
田原本町教育委員会編「唐子・鍵考古学ミュージアム　ミュージアムコレクション Vol.1」二〇〇七年
知多郡役所編纂『知多郡史　上巻』一九二三年
鶴間和幸「秦始皇帝長城伝説とその舞台――秦碣石宮と孟姜女伝説をつなぐもの――」（『東洋文化研究　第一号』所収）一九九九年
鶴間和幸「秦帝国の形成と東方世界――始皇帝の東方巡狩経路の調査をふまえて――」（『茨城大学教養部紀要　二十五号』所収）茨城大学教養部　一九九三年
中田祝夫全訳注『日本霊異記（上）』講談社　一九七八年

中野玄三・加須屋誠『仏教美術を学ぶ』思文閣出版　二〇一三年
中村啓信監修・訳注『風土記　現代語訳付き（上下合本版）』電子版　KADOKAWA　二〇一六年
塙保己一編「止由気宮儀式帳」「太神宮諸雑事記」（『羣書類従　第一輯（神祇部）』所収）続群書類従完成会　一九二九年
林晃平『浦島伝説の研究』おうふう　二〇〇一年
原口泉他『鹿児島県の歴史』山川出版社　二〇一一年
伴信友「正卜考」（『伴信友全集　第二』所収）国書刊行会　一九〇九年
東アジア恠異学会編『亀卜――歴史の地層に秘められたうらないの技をほりおこす』臨川書店　二〇〇六年
肥後弘幸『北近畿の弥生王墓　大風呂南墳墓』新泉社　二〇一六年
福島千賀子「浦島説話の成立試論（下）」（『國學院雜誌　第六十一巻　第十一号』所収）國學院大學　一九六〇年
藤田富士夫『古代の日本海文化』中央公論社　一九九〇年
星川清孝『新書漢文大系23　楚辞』明治書院　二〇〇四年
槇佐知子『日本昔話と古代医術』東京書籍　一九九三年
正宗敦夫編纂校訂『覆刻日本古典全集　倭名類聚鈔（一）（三）』現代思潮社　一九七八年
松枝正根『古代日本の軍事航海史〈中巻〉』かや書房　一九九四年

真弓常忠　『古代の鉄と神々〈改訂新版〉』学生社　一九九七年
三谷榮一　『日本文学の民俗学的研究』　有精堂出版　一九七二年
森田悌訳　『続日本後紀（下）全現代語訳』　講談社　二〇一〇年
柳田國男　「毛坊主考」（『柳田國男全集11』所収）　筑摩書房　一九九〇年
山田栄克　「浦島伝説の記録をよむ——丹後・但馬をめぐって——」（花部英雄編『ジオパークと伝説』所収）　三弥井書店　二〇一八年
湯野浜地区住民会　『湯野浜の歴史　開湯伝説から九〇〇年』　一九九四年
横浜市立博物館編　『開館10周年記念特別展　よこはまの浦島太郎』　二〇〇五年
李鵬　『秦皇島湾史』　人民交通出版社　一九八五年

網野神社公式ホームページ「網野町の浦嶋伝説」
http://aminojinja.sakura.ne.jp/urashimadennsetu.html
京都府農林水産技術センター海洋センター取水水温情報
https://www.pref.kyoto.jp/kaiyo/kaiyo-suion.html
住吉大社ホームページ「歴史と遷宮年表」
https://www.sumiyoshitaisha.net/about/history.html

仮面《かめん》をとった浦島太郎《うらしまたろう》
その正体《しょうたい》をめぐる四七八年《よんひゃくななじゅうはちねん》のミステリー

朝日文庫

2022年4月30日　第1刷発行

著　者　髙橋大輔《たかはしだいすけ》

発行者　三宮博信
発行所　朝日新聞出版
〒104-8011　東京都中央区築地5-3-2
電話　03-5541-8832（編集）
03-5540-7793（販売）

印刷製本　大日本印刷株式会社

Published in Japan by Asahi Shimbun Publications Inc.
定価はカバーに表示してあります

ISBN978-4-02-262063-7